ＪＲ高崎線・宇都宮線沿線の不思議と謎

老川慶喜・監修
Yoshinobu Oikawa

JIPPI Compact

実業之日本社

はじめに

「埼玉都民」という言葉がある。埼玉県に住むかなりの人が、東京都内の会社や学校に通っており、埼玉県内に居住していながらも一日の多くの時間を東京都内で過ごしているため、地元にはあまり関心がなく、もっぱら東京都民のような感覚で生活をしている埼玉県民を指す俗語である。そういう私自身も、大学生になってから古希間近の今日まで、およそ半世紀にわたって埼玉県から東京都内の職場に通っている（途中の一三年間は埼玉県内および群馬県内の職場に通っていたが、研究活動でしばしば東京都内にも出かけていた）。本書が取り上げるJR高崎線・宇都宮線は、こうした「埼玉都民」の足となっている。もちろん、高崎線・宇都宮線は、線路名称からもわかるように、埼玉県民だけでなく群馬県や栃木県からも多くの通勤・通学客を運んでいる。

近年では、埼京線、湘南新宿ライン、上野東京ラインなどのJR線が開通し、東京への通勤・通学線は大変便利になった。かつて、私の大学時代には、池袋、新宿、渋谷のいわゆる副都心に行くには、赤羽駅で階段を昇り降りしながら（これが大変面倒であった）、赤羽線（東北本線赤羽駅と山手線池袋駅を結ぶ五・五キロメートルの路線）に乗り換えなければならなかったが、今では直通で行けるようになっている。

このように埼玉、群馬、栃木方面からの通勤・通学輸送は大変便利になっているが、本書が取り上げる高崎線・宇都宮線は、一八八一（明治一四）年一一月に設立された日本鉄道に起源をもち、首都圏の鉄道としては一八七二（明治五）年開通の東京〜横浜間の鉄道に次ぐ歴史を有している。大宮〜赤羽間が電化されて京浜東北線となるのは一九三二（昭和七）年九月であるが、以来通勤・通学路線として日々進化をとげ、今日のようになったのである。

本書は、このような東京北郊に路線を延ばす高崎線・宇都宮線の歴史を跡づけながら、沿線でのさまざまな話題を読者に提供しようとするものである。通勤・通学の際に本書を携行していただき、高崎線・宇都宮線沿線の「不思議と謎」を読み解いていただけると、沿線への理解が進み、「埼玉都民」から脱却すること請け合いである。また、高崎線・宇都宮線を利用していない方にも読んでいただければ、きっと高崎線・宇都宮線の途中下車の旅をしてみたいと思うようになるものと信じている。

老川　慶喜

二〇一八年八月

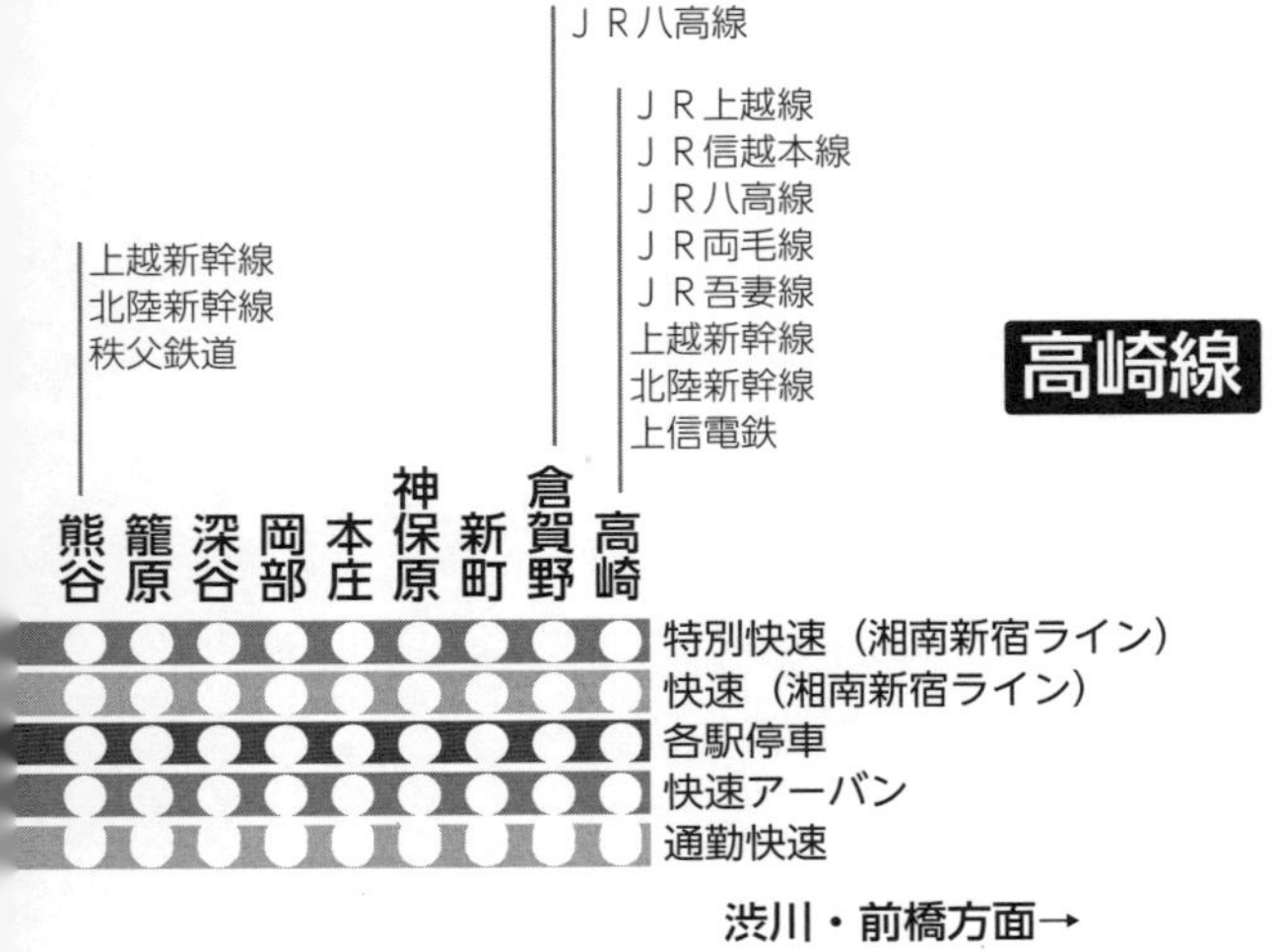

高崎線

接続路線:
- 熊谷: 上越新幹線 / 北陸新幹線 / 秩父鉄道
- 新町: JR八高線
- 高崎: JR上越線 / JR信越本線 / JR八高線 / JR両毛線 / JR吾妻線 / 上越新幹線 / 北陸新幹線 / 上信電鉄

駅順: 熊谷 — 籠原 — 深谷 — 岡部 — 本庄 — 神保原 — 新町 — 倉賀野 — 高崎

種別:
- 特別快速（湘南新宿ライン）
- 快速（湘南新宿ライン）
- 各駅停車
- 快速アーバン
- 通勤快速

渋川・前橋方面→

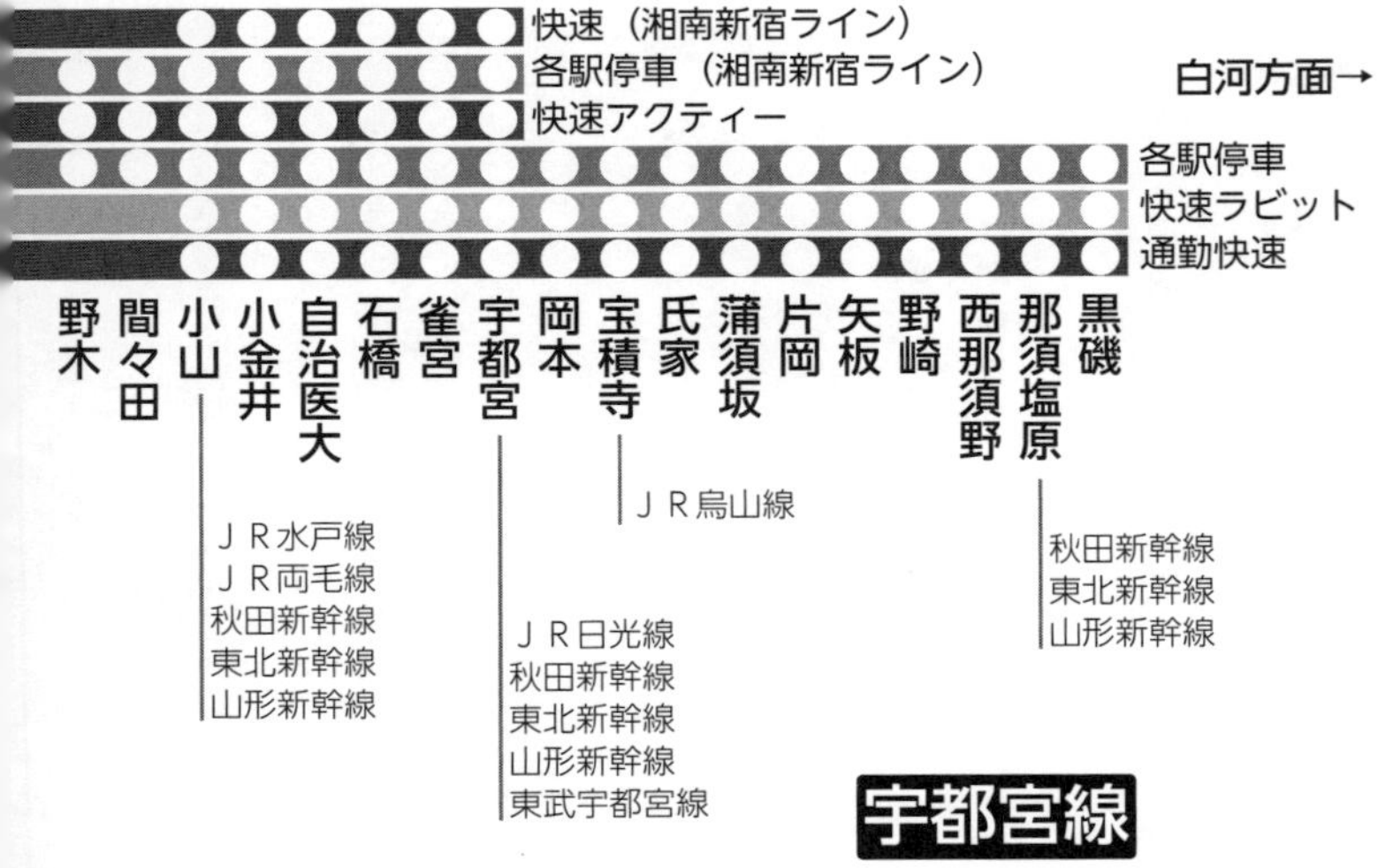

宇都宮線

種別:
- 快速（湘南新宿ライン）
- 各駅停車（湘南新宿ライン）
- 快速アクティー
- 各駅停車
- 快速ラビット
- 通勤快速

白河方面→

駅順: 野木 — 間々田 — 小山 — 小金井 — 自治医大 — 石橋 — 雀宮 — 宇都宮 — 岡本 — 宝積寺 — 氏家 — 蒲須坂 — 片岡 — 矢板 — 野崎 — 西那須野 — 那須塩原 — 黒磯

接続路線:
- 小山: JR水戸線 / JR両毛線 / 秋田新幹線 / 東北新幹線 / 山形新幹線
- 宇都宮: JR日光線 / 秋田新幹線 / 東北新幹線 / 山形新幹線 / 東武宇都宮線
- 宝積寺: JR烏山線
- 那須塩原: 秋田新幹線 / 東北新幹線 / 山形新幹線

高崎線・宇都宮線 路線図

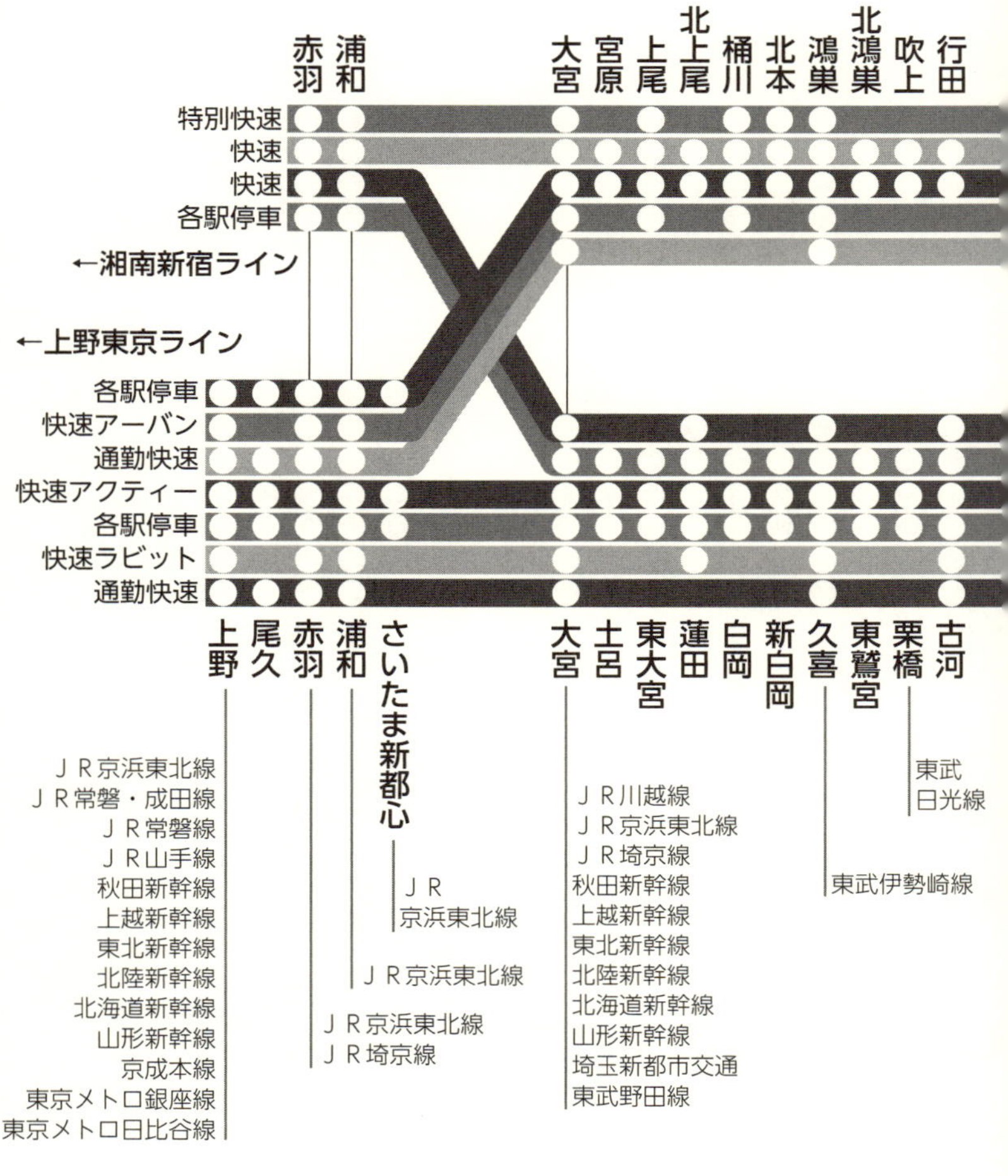
赤羽
浦和
大宮
宮原
上尾
北上尾
桶川
北本
鴻巣
北鴻巣
吹上
行田
特別快速
快速
快速
各駅停車
←湘南新宿ライン
←上野東京ライン
各駅停車
快速アーバン
通勤快速
快速アクティー
各駅停車
快速ラビット
通勤快速
上野
尾久
赤羽
浦和
さいたま新都心
大宮
土呂
東大宮
蓮田
白岡
新白岡
久喜
東鷲宮
栗橋
古河
ＪＲ京浜東北線
ＪＲ常磐・成田線
ＪＲ常磐線
ＪＲ山手線
秋田新幹線
上越新幹線
東北新幹線
北陸新幹線
北海道新幹線
山形新幹線
京成本線
東京メトロ銀座線
東京メトロ日比谷線
ＪＲ京浜東北線
ＪＲ埼京線
ＪＲ京浜東北線
ＪＲ
京浜東北線
ＪＲ川越線
ＪＲ京浜東北線
ＪＲ埼京線
秋田新幹線
上越新幹線
東北新幹線
北陸新幹線
北海道新幹線
山形新幹線
埼玉新都市交通
東武野田線
東武伊勢崎線
東武
日光線

JR高崎線・宇都宮線沿線の不思議と謎《目次》

第二章 地図から浮かび上がる地理と路線の謎

02

第三章　個性豊かな駅が勢ぞろい！　沿線の街の履歴書

03

第四章 観光ガイドとはひと味違う！沿線隠れ名所案内

04

05 第五章 ロマンを求めて途中下車 沿線歴史スポット散策

第六章 「なるほど」が止まらない！ 駅名・地名の不思議

06

◎凡例
各項目見出し下には、最寄り駅の駅名が示されています。また特定の駅を取り上げない項目では、各路線名を明示しています。
各路線については、高崎線を上野〜高崎間、宇都宮線を上野〜黒磯間とし、よりわかりやすく伝えるため、国鉄以前の東北本線に対しても、宇都宮線という名称を用いています。

カバーデザイン・イラスト／杉本欣右
本文レイアウト／Ｌｕｓｈ！
本文図版／イクサデザイン
本文写真（本文ページに記載したものを除く）／京浜にけ（P57、61、95、108、119、134）、fum3670045（P57）、TypeZero（P81）、townphoto.net（P106）、Katorisi（P108）麒麟坊（P115）、Qurren（P127）、Wiiii（P131）、Tak1701d（P177）

第一章

いつもの電車が読み解ける鉄道・駅の不思議探訪

宇都宮線は正式名称ではなく愛称だった!?

宇都宮線

ふだん何気なく目にする「宇都宮《うつのみや》線」という名前はＪＲの路線の正式名称ではない。車内の乗り換えアナウンスや表示板などに宇都宮線という言葉を見聞きするが、正式名称は「東北本線」である。宇都宮線はいわば〝愛称〟。東京駅から岩手県の盛岡《もりおか》駅までを結ぶ東北本線のうち、東京駅から栃木県那須塩原市の黒磯《くろいそ》駅まで（二〇一五年の上野東京ライン開通までは、上野《うえの》駅から黒磯駅まで）の区間が宇都宮線。

正式名称だけでも不自由しないのに、なぜ愛称がついているのだろうか。

きっかけは栃木県側からの要望だった。県庁所在地の宇都宮は、長大な東北本線の一駅に過ぎず存在感が薄かった。そこで、いっそ路線名を宇都宮線にしたいと、ＪＲ東日本に働きかけを行なったのである。宇都宮線の名称を発案したのは、当時の栃木県知事だった渡辺《わたなべ》文雄《ふみお》氏で、宇都宮市のイメージアップにもつながるとして宇都宮商工会議所も積極的に応援した。

宇都宮線の愛称が設定されたのは一九九〇（平成二）年三月一〇日。ＪＲ東日本のダイヤ改正に伴い実現した。

栃木県民に拒否された「東北本線」

宇都宮線誕生当日は、宇都宮市内のいたるところで誕生セレモニーが行なわれた。宇都宮駅では、泉が丘小学校のマーチングバンド部による演奏が披露され、同市内の百貨店では「祝・宇都宮線誕生」のアドバルーンが掲げられて「宇都宮線誕生セール」が行われるなど、市内は祝賀ムードに包まれた。宇都宮線という愛称に、地元の発展にかけていた当時の栃木県民や宇都宮市民の熱意が感じられる。

その反面で気になるのが、東北本線という正式名称を拒否された格好になる東北地方の人びとの反応だ。当日の下野《しもつけ》新聞には、「東北人としては残念な気がする」という仙台市在住の人のコメントが掲載されているが、それほど強い反発はなかったようである。それでも当日の誕生記念祝賀会において渡辺知事は「東北各県の人たちに誤解を招いた面があり、実現が危ぶまれた」と語っていることからも、関係者の間では反対意見があったと想像できる。

それでも現在、宇都宮線という愛称は正式名称よりも浸透しており、宇都宮のイメージアップを目指した栃木県の思惑は成功といえるだろう。

大宮が鉄道の街になったのは、肥料問屋さんのおかげ！

高崎線　宇都宮線

大宮
おおみや
Ōmiya

大宮《おおみや》駅は、東京と東北地方を結ぶ鉄道の分岐点にして、埼玉県内で最多（ＪＲ東日本エリア内では、新宿、池袋、東京、横浜、品川、渋谷、新橋についで第八位）の乗車人員数を誇る駅である。高崎《たかさき》線、宇都宮線など五つのＪＲ在来線のみならず、東武鉄道などの私鉄に加え、新幹線やニューシャトルなども乗り入れている。大宮駅の利用客数は一日約三〇万人を超え、首都圏の北の玄関口といえる存在だ。

さらに駅の北側には鉄道博物館（七六ページ参照）もあり、名実ともに〝鉄道の街〟となっている大宮だが、鉄道が開通した当初、いまとはまったく違う様相を呈していた。

一八八三（明治一六）年、上野～熊谷《くまがや》間に埼玉初の鉄道である日本鉄道の第一区線（現・ＪＲ高崎線）が開通した。ところが当初は、浦和《うらわ》駅の次は上尾《あげお》駅で、その間にある大宮には駅さえなかったのである。鉄道の街である現在からは想像もつかない。

大宮に駅が置かれなかったのは、浦和～大宮間が約六キロメートルしかなく、当時としては短すぎたからだといわれている。また県庁所在地の浦和や紅花《べにばな》の産地である上尾が優

日本鉄道第二区線の分岐案

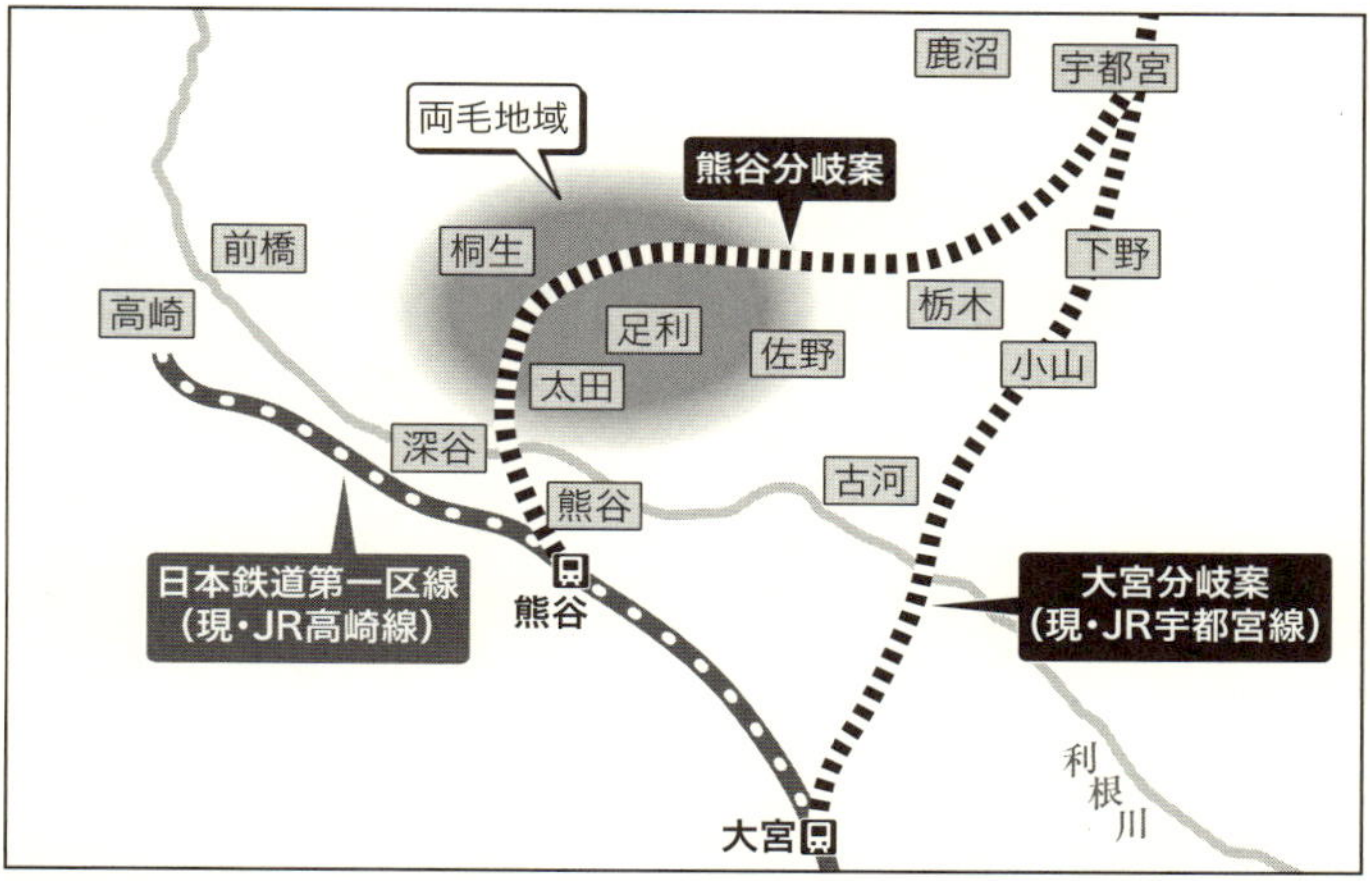

宇都宮方面へのルートは、織物業が盛んな両毛地域を通る熊谷分岐案と大宮分岐案に分かれたが、コスト安であった大宮分岐案に軍配が上がった。

先されたという背景もあったようだ。いずれにせよ、この頃はまったく鉄道の街と呼べるような風景ではなかった。

誘致運動はじまる

駅さえなかった大宮が鉄道の街へと発展したのは、住民たちの熱意があったからにほかならない。線路はあっても駅がないという〝素通り状態〟に、当時の大宮の住民が立ち上がった。地元で甘藷《かんしょ》問屋や肥料問屋を営んでいた白井助七《しらいすけしち》を中心に、「住民の利福の為なり、何《いずくん》ぞ黙視すべき時ならんや」として、第一区線の開通後、すぐに駅の誘致運動がはじまったのである。

このとき、折よく日本鉄道が第二区線として、宇都宮を通って白河《しらかわ》へ向かう路線の敷設を計画していた。現在の東北本線の全通計画である。このとき上野〜熊谷間のどこを分岐点にするかが大きな問題になった。最終候補として大宮と熊谷の二つが挙げられたが、大宮は駅すらない状況である。一方ですでに駅があり、拠点として定着していた熊谷を分岐点にするのが妥当だという意見が多かった。しかも熊谷から桐生《きりゅう》、足利《あしかが》、佐野《さの》などを経由すれば、両毛地域の織物産業のさらなる発展につながるという意見もあった。

大宮分岐案は不利な状況にあったが、白井たち地元住民は熱心に誘致活動を展開していった。白井は駅の建設に必要な土地の無償提供を申し出るなど私財を投げうってまで駅開設を訴え、知事や鉄道会社に陳情を繰り返した。

住民の熱意が大宮を分岐駅に

この分岐点の問題に裁定を下したのは、当時の鉄道局長井上勝《いのうえまさる》であった。井上は大宮分岐案と熊谷分岐案を比較した結果、大宮を選んだ。大宮から北上したほうが邪魔な河川が少なく、架橋を減らせるうえに利根川舟運を利用して鉄道資材を運べるため、工期、コストとも抑えられるというのが大きな理由だった。それに加え、土地の無償提供といった住民の誘致運動にかける熱意も大きな後押しになった。

こうして一八八五（明治一八）年、ついに、大宮〜宇都宮間が開通し、住民の悲願である大宮駅が設置された。このときから大宮は、東北方面への分岐点となったのである。さらにその後は、白井が用地を提供して誘致した日本鉄道の工場がつくられ、貨物列車の操車場も設けられたことで鉄道の街としての発展が約束された。大宮を鉄道の街にしたのは、白井をはじめ大宮の住民たちだったのである。

大宮駅の西側にある鐘塚公園。写真左下には、大宮駅設置に尽力した白井助七の胸像がある。像の台座には「旧大宮市名誉市民」と書かれている。（提供：さいたま市）

現在、大宮駅の西口にある鐘塚《かねづか》公園には白井の胸像があるほか、駅の南東にある山丸《やまる》公園にも白井の功績を讃えた碑がある。その碑文には、「君思えらく鉄道は文明の利器、産業の根幹なり黙視する能はずと、即ち百方奔走して明治十八年遂に大宮駅を開設せしめ、此地百年の大利を樹つ」と、刻まれている。

鉄道の北の玄関口・上野ができたのは、幕末の戦にアリ！

高崎線 宇都宮線

上野
うえの
Ueno

上野駅は、高崎線、宇都宮線のターミナル駅として、東北地方への玄関口の役割を担ってきた。その開業は東京駅より古い一八八三（明治一六）年七月で、日本鉄道会社の第一区線（上野～高崎間）の開業からである。このときは木造の仮駅舎だったが、二年後の第二区線（大宮～宇都宮間）の開業に合わせ、レンガ造り、瓦葺《かわらぶ》きの外観をした貴賓室や地下室を備えた立派な二階建ての洋風駅舎が建てられた。

その後の上野駅は、上野～青森間で直通運転が始まった一八九七（明治三〇）年からさらに発展する。一九二五（大正一四）年には山手線が乗り入れ、一九二七（昭和二）年には地下鉄道（現・東京メトロ銀座線）とも接続し、都市間交通と長距離列車を結ぶターミナル駅として発展することになった。

この大ターミナルである上野駅が現在の場所につくられたのには歴史の偶然がある。

現在の上野は、江戸時代は将軍家の墓所である寛永寺《かんえいじ》の敷地だった。上野山はまるごと寛永寺の敷地であり、上野山下町《うえのやましたちょう》といわれた現在の上野駅の場所は、寛永寺の子院が並んでいた。

幕末の一八六八（慶応四）年、鳥羽・伏見の戦いで新政府軍に敗れて江戸城を開け渡した旧幕臣たちが、彰義隊《しょうぎたい》を結成して立てこもったのがこの寛永寺である。そこに新政府軍が攻めかけ、上野戦争が勃発した。現在の上野公園の正面入り口付近でもっとも激しい銃撃戦が繰り広げられ、いまも寛永寺黒門《くろもん》（荒川区南千住に移転）には生々しい弾痕が残されている。追いつめられた旧幕臣たちは最後、寛永寺の本堂に籠って抗戦したが、上野戦争は新政府軍の勝利に終わる。戦場となった上野山内では、多くの建物が焼失し、焦土と化した。

焦土となった上野の使い途とは

新政府は、焼け野原となった寛永寺の敷地の多くの部分を接収した。また上野山下町にあった寛永寺の子院もすべて強制的に山の上、またはほかの土地へ移転させた。徳川家ゆかりのものを中心地から一掃したわけだ。

こうして上野山下町には、大きな空き地がぽっかりとできた。この土地は、駅をつくるにはちょうどいい敷地となった。そして日本鉄道会社が、一八八二（明治一五）年にこの場所の借用を東京府へ願い出て、駅建設予定地として確保したのである。

じつは日本鉄道は第一区線の敷設に際して、東京側のターミナルをどこに置くか検討を重ねていた。赤羽《あかばね》付近から西側を通るルートと、上野を通り新橋《しんばし》を通過するルートの二つの案が挙げられていたという。一刻も早く鉄道を建設したかった日本鉄道は、駅の場所になりうる適当な大きなスペースがあり、すぐにでも工事が始められる上野ルートを選んだのだ。

当時すでに上野山一帯は、博覧会が開催されたり、博物館や動物園もつくられたりしていて、多くの人出で賑わう町となっていた。当初、上野戦争後の上野山には、大学東校（現・東京大学）の病院が建てられる予定だったが、オランダ人の軍医ボードインの提案でヨーロッパ諸国にならって公園が建設された。これが上野公園である。ここに博物館や図書館、美術学校などの教育施設が次々に建てられ、上野山は行楽地になった。

このように上野が明治になって復興し、早くから賑わいのある場になっていたことも、ターミナル駅の立地として選ばれた一因である。

上野戦争で徳川家ゆかりの寺院が一掃された跡地だからこそ、近代化の象徴である鉄道の駅が設けられたのである。

現在の上野駅は、高崎線や宇都宮線をはじめとするＪＲの在来線や新幹線はもちろん、東京メトロ日比谷線なども乗り入れる東京有数の一大ターミナル駅となっているが、その場所にはかつてお寺が並んでいたとは意外である。

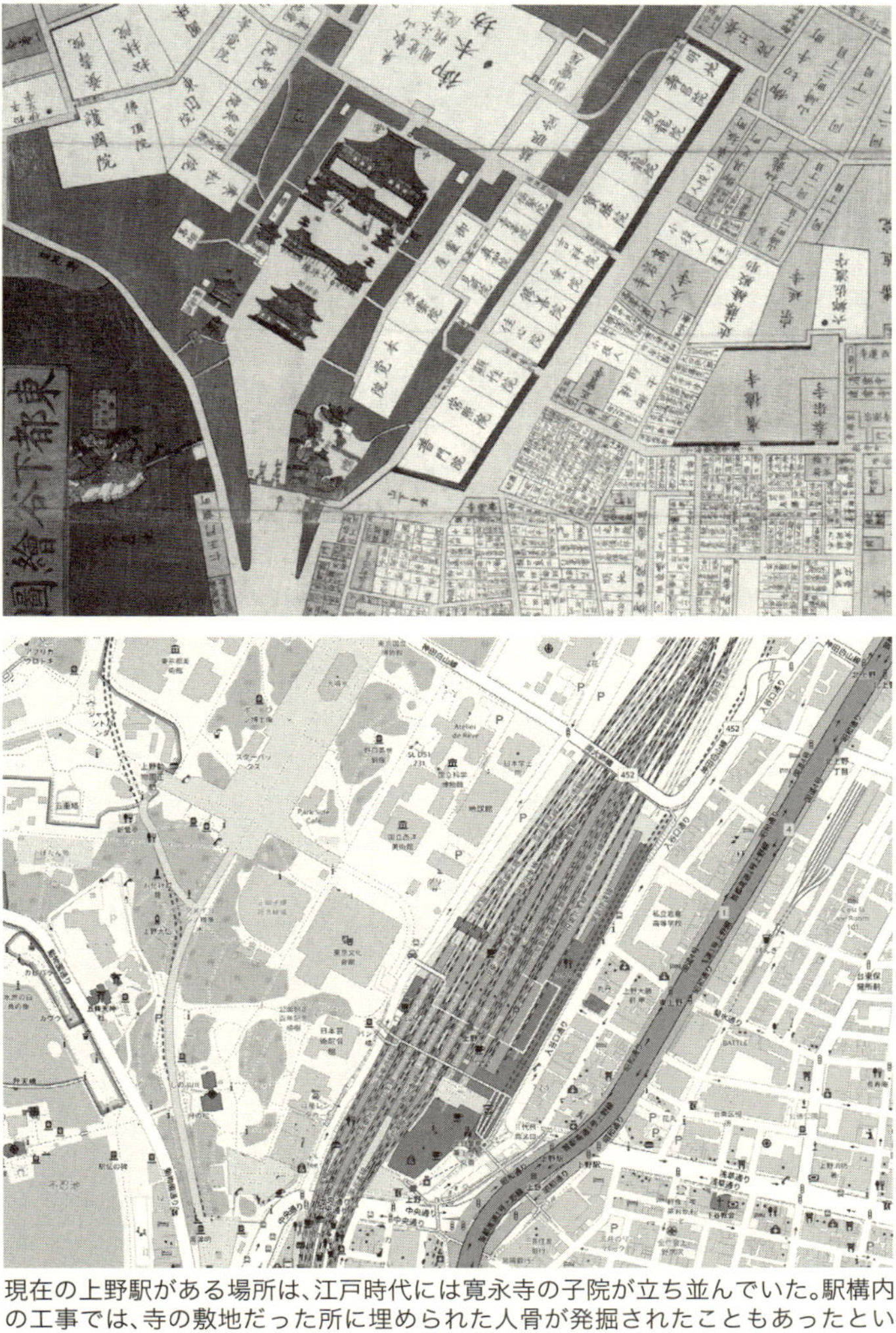

現在の上野駅がある場所は、江戸時代には寛永寺の子院が立ち並んでいた。駅構内の工事では、寺の敷地だった所に埋められた人骨が発掘されたこともあったという。（上：「江戸切絵図　下谷絵図」国立国会図書館蔵、下：©OpenStreetMap）

同じ宇都宮駅でも、ＪＲと東武が離れている理由

宇都宮線
宇都宮
うつのみや
Utsunomiya

宇都宮駅は、栃木県の県庁所在地・宇都宮の玄関口として賑わうターミナル駅だ。一日あたりの平均乗車人員数が約三万七五〇〇人であり、北関東でもっとも利用者が多い。東北本線全体で見ても、仙台駅に次ぐ利用者を誇る。

そうした沿線を代表するターミナル駅には、もう一つの宇都宮駅が存在する。それは一九三一（昭和六）年に開設された東武鉄道の東武宇都宮駅である。だがその立地は、約一・五キロメートルも離れている。同じ名前の駅であれば、乗り換えのために隣接していることが一般的だが、ＪＲと東武を往来するのには約二〇分もかかってしまう。

この東武宇都宮駅は、ＪＲの駅から離れているにもかかわらず、宇都宮市街の中心に位置している。駅周辺には宇都宮市役所のほか、オリオン通りやユニオン通り、宇都宮屋台横丁などの繁華街が広がっている。一方のＪＲ宇都宮駅といえば、市街地の中心地から離れ、宇都宮市街を流れる田川《たがわ》の向こう側にある。新幹線も停車する北関東最大のターミナル駅だが、その立地は市街地の端。住所は宇都宮市川向町《かわむこうちょう》だ。

宇都宮商人が鉄道敷設に反対した理由

地域を代表するような大きなターミナル駅が置かれるのは、市街地から離れた場所であるのが一般的だ。たとえば、ＪＲの名古屋駅や大阪駅、四日市《よっかいち》駅など、市街地の端につくられた駅である。

宇都宮駅がこの場所にあるのには、宇都宮ならではの事情があった。日本鉄道第二区線（現・ＪＲ宇都宮線）が開通し、ここへ宇都宮駅が置かれたのは一八八五（明治一八）年のことである。この開通にあたって、宇都宮の運送業者や商人たちから敷設反対の声が挙がっていたのである。

鉄道敷設の是非について、当時の新聞上でも盛んに議論された。下野新聞に一八八五年五月一六日に寄せられた投書では、宇都宮が一帯の商業の中心地として栄えた町であることを前提として、鉄道敷設のデメリットがいくつか挙げられている。

そこには、宇都宮を中心とした独立した地方商圏が成立しているのにもかかわらず、それを縦断する鉄道の開通は商圏を壊す点や、従来は東北からの旅客が宇都宮に宿泊していたが、鉄道が開通すれば通過されて旅館や運送業者が大打撃を被る点などが指摘されている。つまり、宇都宮の運送業者や商人たちは、彼らの顧客を、東京をはじめとするほかの地域に取られることを危惧していたのである。

とはいえ、日本鉄道としてもいまさら宇都宮を通らないわけにはいかない。そこで粘り強く交渉した結果、市内を流れる田川より西側には駅をつくらないという条件で地元と合意した。そのため駅は、中心地である馬場町《ばばちょう》や二荒町《ふたあらまち》などから離れ、田川の東側にある川向町に開設されたのである。

刑務所跡地に駅建設

宇都宮駅がつくられてから四六年後、宇都宮市内には東武宇都宮駅が開業する。東武鉄道は日本鉄道とは違い、市街地の中心に駅を構えた。

その頃、この辺りには刑務所があり、長い間、市街地の発展の障害となっていた。そこで刑務所を別の場所へ移転し、中心地に大きな空間をつくり出す計画が進んでいた。

この跡地に着目したのが東武鉄道である。宇都宮と県南の栃木を直結する路線がないことに着目し、刑務所跡地を買い取って東武宇都宮駅を建設したのだ。明治初期と異なり抵抗する人はなく、それどころか東武鉄道の開業は地元から大歓迎された。

そして東武宇都宮駅の周辺には商店が集まり始め、賑わいを生み出した。さらに東京浅草と直結したことにより、宇都宮の西の玄関口として発展してきたのである。

市街地外郭につくられた宇都宮駅

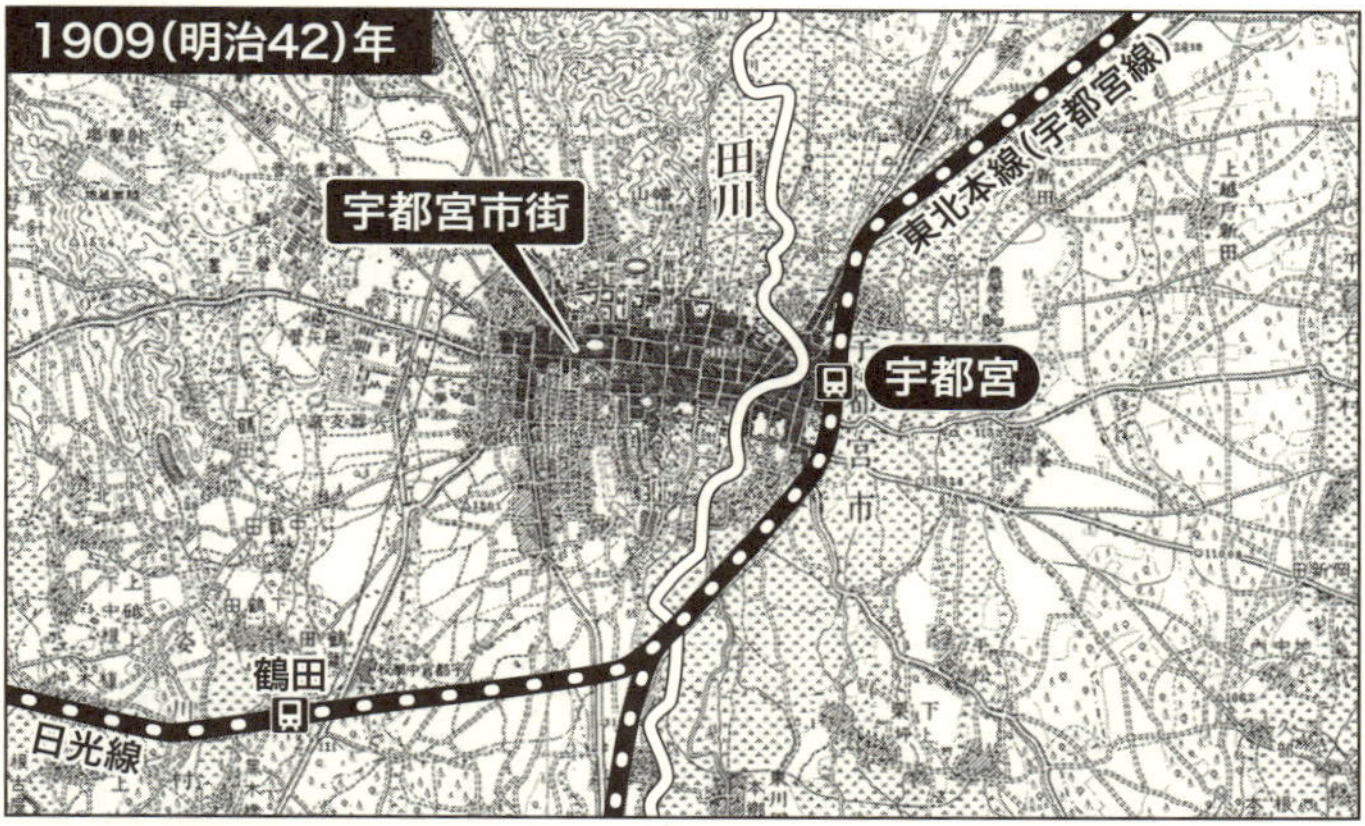

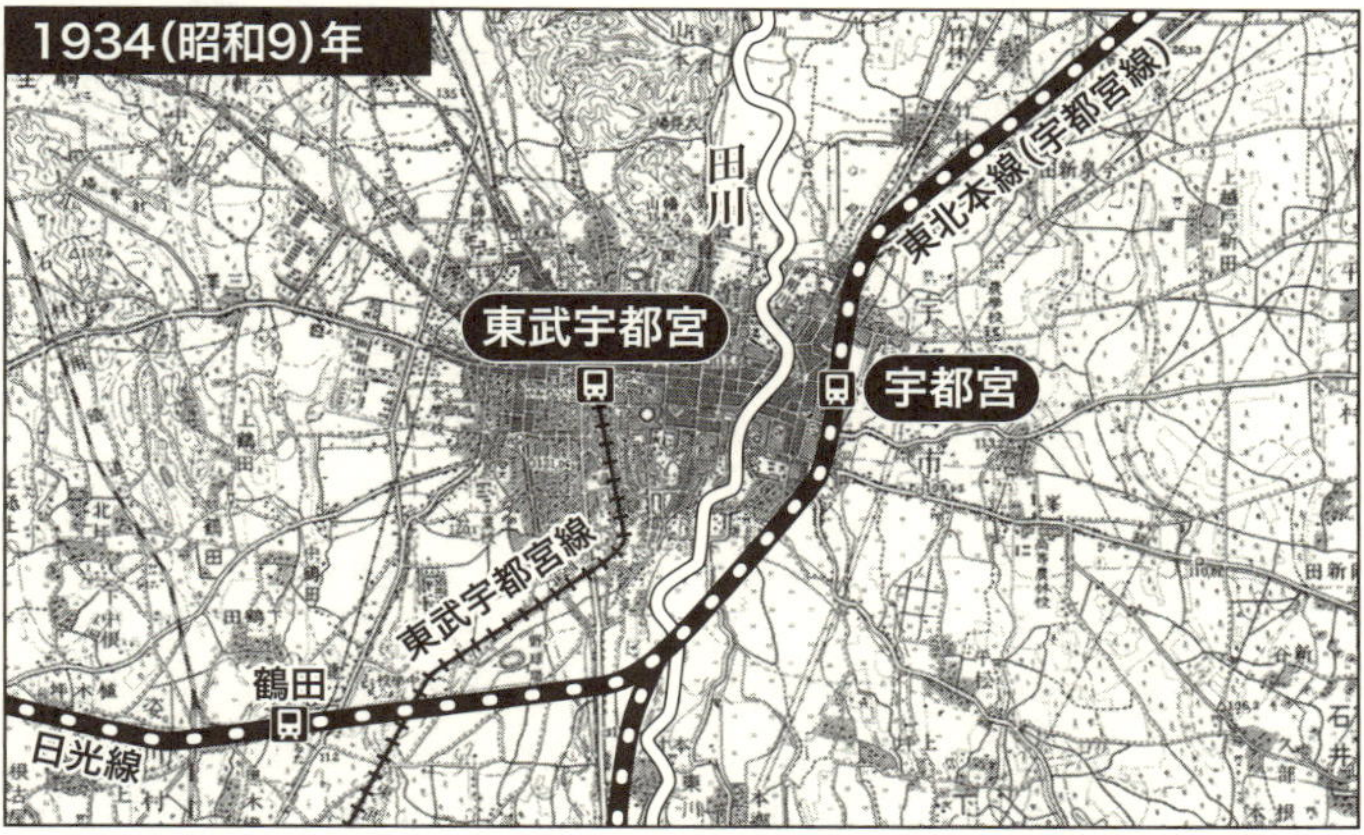

明治期に宇都宮駅ができた当初は、宇都宮の運送業者や商人から反対されて市街地の東側の外れに建設されたが、東武鉄道が路線を伸ばした際には、市街地の中心部に駅が置かれた。(時系列地形図閲覧サイト「今昔マップ on the web」((C)谷謙二)により作成)

高崎駅がいまの場所にできた発端となった騒動とは？

高崎線

高崎

たかさき

Takasaki

高崎駅は、高崎線をはじめ、両毛線、上越線、吾妻線、信越本線、八高線、上信電鉄のターミナル駅であり、上越新幹線と北陸新幹線が分岐する駅でもある。

高崎駅が誕生したのは一八八四（明治一七）年五月一日のことだ。群馬県は海外輸出品の多くを占める生糸の生産が盛んだったので、群馬から生糸を輸送する中山道《なかせんどう》ルートの鉄道建設が進められ、内陸部と日本海側を結ぶ商業が盛んな都市として、高崎に駅設置の白羽の矢が立った。

一八七二（明治五）年には富岡製糸場も操業を開始しており、高崎から東京へと運ばれる生糸の発送量は開業二年後には、河川舟運の一〇倍近い年間約一万二〇〇〇トンに及んだ。鉄道開通により、輸送の主役は馬や船から鉄道へと移ったからである。

こうして高崎線を中心とした鉄道輸送によって発展した高崎であるが、駅が建てられたのはかつて下和田《しもわだ》村と呼ばれていた場所で、カエルが鳴き、メダカやフナが泳ぐ広い湿地帯だった。江戸時代には宿場町として栄えていた高崎だが、その宿場があった中山道からも離れていたうえ、市街地の中心であった城下からも遠い場所だった。だがこのような不便な場所に駅ができたのには理由がある。

全町一致で駅の立地が決定したのは同情から!?

駅舎の立地に影響を与えたのは、幕末の一八六二（文久二）年から一八六六（慶応二）年の五年間にかけて新町《あらまち》（現・高崎市あら町）で起きた「御伝馬《ごてんま》事件」である。

江戸時代、街道の宿場町には使者や物資を馬で運ぶための伝馬という役目があった。高崎宿では本町《もとまち》、田町《たまち》、新町が伝馬町であったが、その費用の大半は各町の負担だった。

この制度は、大きな負担となってのしかかった。一七八三（天明三）年七月に起きた浅間山大噴火で農作物が壊滅したことにより、各町の負担金は増えた。そしてさらに負担が大きかったのが、一八六一（文久元）年の皇女和宮《かずのみや》の下向である。公武合体の象徴として一四代将軍家茂《いえもち》へ輿入れするため、総勢三万人をお供に中山道を通ったのだ。高崎宿でも各町が対応にあたったが、なかでも負担の大きかったのが新町で、その経費は一〇〇〇両にも及んだという。

大きな負担を強いられて困窮した新町は、宿場の助成になればと角力《すもう》や旅芝居、見世物興行や旅籠屋に遊女（飯盛女）を置くことなどの許可を高崎藩に願い出た。しかし藩の対応は非常に鈍かった。業を煮やした新町は、江戸町奉行所へ駆け込み訴訟を起こしたが決着せず、幕府への箱訴（目安箱へ訴状を投入すること）や関係役人の門前に詰めかけるなどの強硬手段に出たのである。結果、新町の要求は一つも聞き入れられなかったばかりか、重役五人が入牢させられ、ほかの五人には手錠腰縄つきの処罰が与えられた。

この事件が「御伝馬事件」と呼ばれるものである。この事件により新町が多くの苦渋をなめたが、それが高崎駅開設につながる。

明治を迎え、高崎に日本鉄道の駅ができると決まったとき、当然ながら多くの町が自らの町への設置を希望した。だが、御伝馬事件で大きな犠牲を払った新町に各町からの同情が集まり、結果、全町が権利を譲ったのだ。こうして、新町に隣接した下和田村が駅の建設地として選ばれたのである。このとき、私財を投げうって駅舎建設のための広大な用地を寄付した矢島八郎《やじまはちろう》は、御伝馬事件の際に未裁決のなかで死去した新町の問屋年寄・矢島八郎右衛門の息子である。寄付した駅前の土地は「八島町《やしまちょう》」という住所表示になっているが、これは矢島八郎の名前にちなみ「矢島町」とする案を本人が固辞したことからついた地名である。

高崎の町人によって場所が決められ、完成した高崎駅。今日の発展は、高崎の人々による街の発展に対する志が礎になっていることは間違いないだろう。

日本初の駅弁が生まれたのは宇都宮？ それとも上野？

高崎線 宇都宮線

上野
うえの
Ueno

宇都宮
うつのみや
Utsunomiya

列車の旅に欠かせないものの一つに駅弁がある。車窓を眺めながらご当地の名物を食べるのは格別だ。高崎線、宇都宮線沿線でも、高崎駅のだるま弁当や上州舞茸弁当、上野駅のチキン弁当やおふくろの味上野弁当など、多くの有名駅弁がある。

いまでは全国で三〇〇〇種類（諸説あり）もあるこの駅弁だが、いったいいつ頃から、どこではじまったのだろう。駅弁の発祥地をどこに求めるかについては、複数の説がある。大阪府の梅田駅説や兵庫県の神戸駅説、埼玉県の熊谷駅説、栃木県の小山《おやま》駅説などがあるが、それら諸説のなかで有力とされているのが宇都宮駅説である。

宇都宮駅ができたのは一八八五（明治一八）年七月一六日、日本鉄道（現・ＪＲ宇都宮線）の上野～宇都宮間が開通したときである。その開業日から、宇都宮駅では駅弁が発売されていたといわれている。

その根拠が、一九五八（昭和三三）年に国鉄構内営業中央会が発行した『会員の家業とその沿革』（大野靖三著）である。そのなかに「明治一八年、日鉄が上野～宇都宮間開通した際、現在の白木屋《しろきや》斎藤米太郎の先代が直ちに駅弁当の立ち売りを開始したことが明らかにされている」という記述がある。白木屋というのは、駅の近くにあった旅館。宇都宮駅の建設中にたびたび現地視察に訪れていた日本鉄道の幹部たちが定宿にしていた。その縁もあり、日本鉄道の幹部が、「宇都宮駅に人を呼ぶものを、何か売ってほしい」と熱心に勧めたことから駅弁販売が実現したという。

このとき、『瀛車辦當《きしゃべんとう》』と名づけられた白木屋の駅弁の中身は、ゴマ塩をまぶした梅干し入りのおにぎり二個にたくあんが添えられており、外装は竹の皮に包まれていた。「瀛車辦當一金五銭也　明治十八年七月十六日　本舗白木屋謹製」と印刷された掛け紙がかけられていたという。

価格は五銭。当時はかけそば一杯一銭の時代だから、なかなか高額な駅弁である。

駅弁発祥の地といわれるだけに、宇都宮駅では現在も駅弁が人気で、冒頭で紹介したもの以外でも人気が高いのが、一八九三（明治二六）年創業の松廼屋《まつのや》がつくっている『瀛車辦當』シリーズだ。白木屋の駅弁はもう売られていないが、松廼屋が明治時代の瀛車辦當をモチーフにした駅弁を販売している。当時のものと比べ、現代風にアレンジされ、おかずも添えられてはいるが、「瀛車辦當」と書かれたレトロなパッケージに、ゴマ塩おにぎりが二個入った駅弁は、当時のイメージそのままである。

ホントは上野駅が発祥地？　当時の文献に書かれた新事実

駅弁発祥地候補のなかで宇都宮駅説がもっとも知名度が高く、現在のＪＲ宇都宮駅も公式に「日本初の駅弁」だと主張している。宇都宮駅の開業日である七月一六日も「駅弁記念日」となっている。

しかし、宇都宮駅説を脅かす有力な新説が登場している。宇都宮線の起点である上野駅だ。一八八三（明治一六）年一二月改正の『改正日本鐵道規則及諸賃金明細獨案内』と題するわずか一一ページの小冊子のなかに、上野駅の構内で弁当が売られていたことを示す記述があるのだ。各駅の構内にある店舗の一覧で、上野駅のところに「同構内瓣當料理ふじのや　濱井啓次郎」と書かれている。つまり、「ふじのや」という店が構内で駅弁を販売していたのだ。その「ふじのや」がどんな弁当を販売していたのかなどは不明だが、これが事実であれば、宇都宮駅説の分は悪い。

明治前半の話ゆえ、当時のことを知っている人はおらず、駅弁の歴史については文献に頼るしかないのが現状で、果たしてどこが発祥の地なのかを特定することは難しい。ただ、少なくとも日本鉄道の路線が開通した当初から、宇都宮駅や上野駅で駅弁が販売されていたことは間違いないようだ。

遅刻なんてあり得ない駅を降りて徒歩三〇秒の高校

大宮駅から高崎線下り列車で四つ目のところに一九八八（昭和六三）年に開業した北上《きたあげ》尾《お》駅がある。高度経済成長とともに大宮以北も東京都への通勤圏内となり、沿線人口が著しく増加したことを受けて、上尾市が国鉄へ請願し、ＪＲ東日本によって設置された。

この北上尾駅のホームに降り立つと不思議な光景を目にするだろう。西側にある上りホームのすぐ横に学校のテニスコートが広がっているのだ。地図を見ると、北上尾駅にほとんど密着する形で、上尾高校の敷地が迫っている。ここまで近いのは、北上尾駅をつくる当初は、上尾高校を移転させる計画だったが、移転反対運動が起きたために動かせず、仕方なく隣接した位置に駅をつくったからである。そのため西口の位置もテニスコートを避けるように斜め方向に設けられている。

日本一駅に近い高校（たぶん）

駅の横にある上尾高校は、全日制普通科、商業科、定時制を並立する県立高校である。

北上尾駅と上尾高校の位置

県立上尾高校はJR高崎線の北上尾駅に隣接している。駅西口を出れば、北門まで徒歩30秒だ。(国土地理院航空写真を加工)

「自由と自主・自立」を校風とし、野球部が甲子園大会の常連校であるなど部活動が盛んである。

駅の横という抜群な立地のため、上尾高校は「日本一駅に近い高校」と宣伝している。高校のホームページ上に「?」や「たぶん」をつけて遠慮がちに紹介しているが、日本一の〝エキチカ〟といっても間違いではないはず。事実、最寄りの西口ターミナル横にある北門までは、徒歩三〇秒という距離。駅でチャイムの音を聞いても、遅刻しないほど近い。

おおむね日本一駅に近いこの立地から、「北上尾駅は上尾高校のためにつくられた駅だと思っていた」という誤解も多いが、本当は苦渋の策だったのである。

高崎線を最初に走った機関車が「善光号」と呼ばれたワケ

高崎線 宇都宮線

大宮
おおみや
Ōmiya

大宮の鉄道博物館に行けば、日本鉄道第一区線（現・JR高崎線）を最初に走った資材運搬車の姿を見ることができる。一八八一（明治一四）年にイギリスから輸入された「一二九〇形式蒸気機関車」だ。工事に使う土石や資材を運搬する機関車で、全長六・九九一メートル、全高三・一五〇メートル、動輪直径〇・九九一メートルと、一般的な蒸気機関車よりも少し小ぶり。しかしその小さな車体で、敷設途中の不安定な仮設の線路を、重たい資材を積載して走った。

高崎線の工事を支えたこの機関車は、一八八三（明治一六）年の高崎線開通式において、皇族や大臣らを乗せた上野～熊谷間往復の試運転車両もけん引した。

私鉄の運行第一号を飾った一二九〇形式蒸気機関車だが、「善光号《ぜんこうごう》」という愛称がある。善光といえば、長野県長野市にある善光寺を思い浮かべる人も多いだろう。だが、善光号のネーミングはそこではなく、埼玉県川口《かわぐち》市にある川口善光寺が由来だ。

善光寺信仰は長野県から全国に広がり、各地に善光寺を名乗る末寺があるが、川口善光寺もその一つ。善光寺に参籠《さんろう》してお告げを受けた定尊上人《じょうそんしょうにん》が鎌倉時代に開いた寺院で、長野県の善光寺と同じご利益があるとして江戸市民の崇敬を集めた。現在は堤防の上にあるが、もともと河川敷にあり、江戸時代から多くの参拝客が船で訪れていたという。

では、なぜ機関車に寺の名前がつけられているのか。その理由は、機関車が陸揚げされた場所が、川口善光寺の近くだったからである。

イギリスから運ばれてきた機関車は横浜港に到着し、船で東京湾、隅田川、荒川を遡った。そして川口善光寺の裏手あたりの河川敷に陸揚げされ、この場で組み立てられた。これがきっかけとなって、善光号と名づけられたのである。

また、この機関車を積んで荒川をさかのぼっていた船が、重みに耐えきれず川口善光寺付近で沈没し、このとき檀家の人が総出で機関車を引き上げたため善光号と名づけられたとも伝えられている。いずれにしろこの川口善光寺にちなんで善光号という名になったのは間違いない。

この善光号は首都圏の近くで資材を運ぶ工事用列車として活躍したあと、日本鉄道の国有化を経て田端《たばた》機関庫で入換用として働いていた。そして一九二三（大正一二）年に廃車になり、解体される予定だったが、高崎線を初めて走った車両ということもあり、昭和に入って旧交通博物館（七六ページ参照）に保管されたのである。

元祖エキナカ・キヨスクが初めてできたのは上野駅

高崎線 宇都宮線

上野
うえの
Ueno

駅舎のなかで展開する商業施設は昨今、エキナカと呼ばれるようになり注目されている。飲食店やファッションを扱う店が入り、ショッピング街さながらの駅もある。

エキナカが発展したきっかけは、一九八七（昭和六二）年に国鉄がＪＲに分割民営化されてからのことだ。事業運営に対する制約がなくなり、自由に駅で商業施設を拡大・拡充することができるようになったのである。また、従来は信号機や電気系統などの設備を収容するための施設が必要だったが、技術の進歩によって、設備がコンパクトになり余剰スペースを使えるようになったことも理由の一つだ。

それ以前は駅構内で物を買おうと思っても、ホームにある売店くらいしか選択肢がなかった。ＪＲではキヨスクと呼ばれる（ＪＲ東日本管内のみキオスク）。これがいわば元祖エキナカだ。このキヨスクのルーツは上野駅にあった。

上野駅の構内に売店ができたのは、一八八六（明治一九）年のこと。ただ、この時点で売店を経営していたのは鉄道事業者ではなく、民間の業者が一か月六円の賃貸料を払いながら、新聞や雑誌、書籍、タバコ、マッチ、切手、ハンカチ、手袋などを売っていた。その後、食料品や菓子などを売る店や、化粧品やお酒、飲料水を売る店ができた。そうした民間主体の時期が続いたが、のちにキヨスクとなる、民間の業者ではない形の売店ができたのは一九三二（昭和七）年のことである。

キヨスクの発祥は公傷者救済事業

明治以来、鉄道事業が発展を続けていくなかで、業務中の事故や怪我で殉職する人も多かった。当時の技術水準では、鉄道業務は非常に危険で、毎年一五〇人近くが殉職、約一〇〇〇人が公傷者となる状況だった。またいまとは違い、国からの労働災害の補償もほとんどなかった。鉄道院の救済組合から給付金が支給されてはいたものの、生活するには不十分な額しかなく、家族が困窮する例も多かった。

この現状を見て動いたのが、東京鉄道局上野運輸課旅客掛長だった片岡謌郎《かたおかうたろう》という青年官僚である。彼は、鉄道事故により困窮に陥った元職員や家族の生活を助けるため、売店を運営しようと考えた。雇用の確保と、売店の売上を救済のための資金にしようというのである。当時、民間の業者が営業していた上野駅と東京駅の売店の売上高は、年間九八万円にも達しており、これだけあれば多くの公傷者やその家族を救えると考えた。そして一九三二年二月に財団法人鉄道弘済会を設立したのである。

片岡のアイデアは、若手官僚の賛同を得たものの強い反発も受けた。営業を行なっている民間の売店業者からその権利を譲ってもらう必要があったからだ。当然、業者からは抗議や陳情が殺到。ときに暴力団まがいの脅しもあったという。しかし、片岡は怯《ひる》むことなく断固とした決意のもとで交渉を続け、なんとか立ち退きの了承を取りつけたのである。

当時、旅客掛長だった堀木鎌三は、店舗の立ち退きに際し、「僕一人では危ないから屈強な保線区員を何人か選び、引き渡さなければ店を板囲いしてしまうことまで決心し（略）こちらがいざそういう態度をみせると、だいたい皆明け渡した」とのちに語っている。

そうした関係者の努力が実り、一九三二年四月に最初の鉄道弘済会の売店が開店した。この日は、関東大震災で焼け落ちた上野駅の新駅舎落成の日。その初営業と同時に六つの鉄道弘済会売店が上野駅に並んだ。この開業に先立ち、接客業未経験の職員は百貨店・上野松坂屋（現・松坂屋上野店）で研修を行なったという。新聞、雑貨、タバコ、菓子、飲料などを販売したほか、委託販売形式で饅頭や万年筆、椿油なども取り扱った。

こうして昭和初期にはじまった鉄道弘済会売店。その名称が「キヨスク」になったのは一九七三（昭和四八）年のことである。トルコ語で「あずまや」を意味する言葉で、売店のイメージアップを図るために改称された。

第二章

地図から浮かび上がる地理と路線の謎

誰も住んでいない河川敷に住所や郵便番号がある不思議

高崎線

行田

ぎょうだ

Gyōda

行田《ぎょうだ》駅の西口を降りて二〇〇メートルほど直進すると、荒川の土手に着く。その土手の向こう側にある広大な河川敷は新川《しんかわ》地区と呼ばれている。

新川地区には、ゴルフの練習場と数軒の農作業小屋しかなく、居住地ではない。にもかかわらず、なぜか「三六〇‐〇〇二七」という郵便番号がある。ゴルフの練習場も熊谷《くまがや》市新川五五という住所になっており、きちんと地番まで振られている。誰も住まない河川敷に、なぜ地番まである住所が存在するのか。

かつてこの新川地区には、荒川舟運の一大拠点であった新川村が存在していたからである。一七世紀に行なわれた瀬替えによってこの地に荒川が通ると、この新川村の河岸にも約六〇隻の船がひしめくようになった。ここについていた船は、新川村から穀物を江戸に運び、江戸から塩や油、魚、乾物などを積んで帰った。ときには早船を仕立てて急ぎ客を江戸へ翌日までに運んだという。

村には裕福な回船問屋や商人などの多くの人家が建てられ、茶店や芝居小屋などの店も

新川地区の一画には、土中に半分埋まった鳥居がある。中世に領主の久下氏が建てたが、洪水による土砂で埋まっている。（提供：ビットコンサルティング bit-consul.com）

軒を連ねて活況を呈した。神社やお寺もあった。明治の初めの頃には一〇〇軒近くの人家があり、約五〇〇人が暮らしていたという。

村人がいなくなり幻の村へ

ところが新川村の繁栄も明治期になると衰退していく。そのきっかけは一八八三（明治一六）年に日本鉄道第一区線（現・JR高崎《たかさき》線）が開通したことである。従来の輸送は荒川舟運が主軸だったが、船よりも早く大量に運ぶことができる鉄道に旅客や貨物が流れ、舟運が急速に衰退した。そこで新川村は、養蚕の町へと衣替えし、一時は繁栄を取りもどすが、昭和に入るとその養蚕も徐々に下火になっていった。

さらに新川村の衰退に追い討ちをかけたのが、度重なる水害だった。とくに一九四〇（昭和一五）年の大洪水と、一九四七（昭和二二）年のカスリーン台風による洪水の被害は大きかった。当初は一軒、二軒と少しずつ村をあとにしていたが、カスリーン台風によって打撃を受けたあとは、一挙に住人が村を離れていった。彼らは慌ただしく家屋敷を解体し、家財道具を目いっぱい荷車に積んで出ていったという。村が忽然と姿を消したようであった。

こうしてかつて栄えた新川村から人影がすっかりなくなり、最後に残ったのはわずか鵜《う》匠一人。だが一九七一（昭和四六）年にその鵜匠も亡くなり、約三七〇年続いた村の歴史は終わったのである。

そしていま、この河川敷に立つと当時の賑わいが想像できないほど静かな川風が吹き抜ける。あたりを見渡してみると、林のように木々が茂った合間にぽつんぽつんと家の土台や石垣が残っているのがわかる。さらに土砂に埋もれかかった鳥居や墓石、電柱なども垣間見える。かつての人々の暮らしの面影が残された新川地区は、〝幻の村〟として、河岸の歴史をいまに伝えている。

全国でもっとも有名なホットスポット 熊谷はなぜアツい？

高崎線
熊谷
くまがや
Kumagaya

二〇一八（平成三〇）年七月二三日、熊谷市で観測史上最高の四一・一度を記録したことは記憶に新しい。熊谷は夏になると最高気温が四〇度を超える場所だ。仲町《なかちょう》にある八木橋百貨店に名物となった巨大温度計が置かれているほか、駅広場には大規模な冷却ミストが設置されて暑さ対策にも余念がない。その暑さを逆手にとって「あついぞ！　熊谷」をキャッチフレーズに掲げてＰＲしていたことは記憶に新しい（定住につながらないとして現在は大々的に行なっていない）。

だが、よく考えれば熊谷は日本列島のなかでも取り立てて南に位置しているわけではない。にもかかわらず、九州や四国などと比べても突出して気温が高い。なぜ熊谷は毎年ここまで暑くなるのだろうか。

夏の熊谷がここまで極端に暑くなるのは、いくつもの要因が重なった結果、生じた現象である。

まず最大の要因は、熊谷が内陸に位置しているという地理的条件にある。夏の晴れた日では、陸地が日射によって暖められて地表の空気が上昇する。一方で熱容量の大きい海では陸地ほど気温が上昇しない。すると陸地と海で気圧差が生じるため、冷涼な海風が陸に吹き込むことになる（海陸風と呼ばれる）。このとき、東京都や千葉県といった沿岸部には涼しい海風が吹き込むことになり、気温の上昇が抑えられる。

ところがこの風が埼玉県の内陸部へ到達するまでには、平野部などを通っている間に暖められる。とくに大都市ではヒートアイランド現象によって、郊外より気温が高くなりがちだ。つまり吹き込んできた海陸風は、東京や埼玉南部においてヒートアイランド現象ですでに暖められているのに加え、熊谷に達するときにはさらに暖かい温風になっているのである。

フェーン現象と地表熱も影響

だが海陸風が暖められたとしても、通常は極端に暑くなることはない。四〇度を超える日には、前述の気温上昇のメカニズムに加え、気象現象の一つである〝フェーン現象〟も重なっている。

フェーン現象とは、上空の風が山を越えて吹き下ろす際、空気が圧縮されて温度が上がる気象現象である。熊谷の北西には標高一四四九メートルの榛名山《はるなさん》や標高一八二七メート

熊谷が猛暑になる仕組み

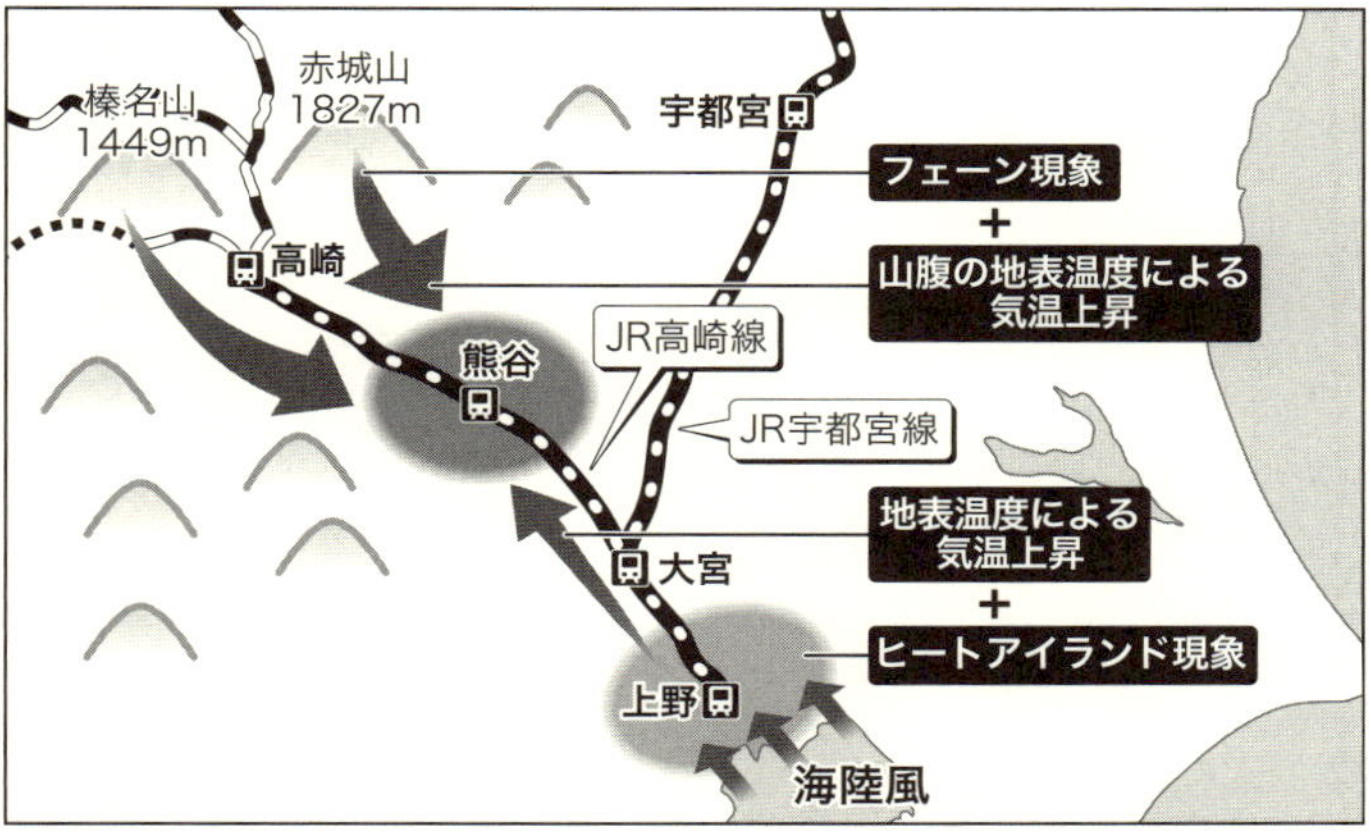

熊谷が暑さの厳しい場所になっているのは、内陸へ吹き込んだ海風が都心のヒートアイランド現象と途中の地表面温度によって暖められることと、フェーン現象に加え山腹の地表面温度が影響していると考えられている。

ルの赤城山《あかぎやま》などがそびえている。これら高い山から吹き下ろす風がちょうど流れ込むのが、利根川と荒川の谷地形に位置する熊谷であるため、気温を急上昇させるのだ。

さらに筑波大学の研究によると、山から風が吹き下ろすとき、日射で暖められた山の地表から出る熱も影響しているという。つまり山腹を下る風は、圧縮されながら温度を上げるだけでなく、地表の熱も加わってさらに温度上昇に拍車がかかった状態になるというわけだ。

四〇度を超える日は真夏の熊谷でも数えるほどしかないが、気温が上昇する要因がいくつも重なるという、ある意味奇跡的な条件がそろったときに、あの「あついぞ！熊谷」が生み出されるのだ。

宇都宮線

古河
こが
Koga

野木
のぎ
Nogi

間々田
ままだ
Mamada

年に一度だけヨシ原から姿を現わす幻の村

古河《こが》駅から野木《のぎ》駅、間々田《ままだ》駅に至る区間の西側には、渡良瀬川《わたらせがわ》、思川《おもいがわ》、巴波川《うずまがわ》が流れ込む渡良瀬遊水地が広がっている。面積約三三平方キロメートルを誇るわが国最大の遊水地だ。遊水地とは、洪水が起きたときだけ川の水を流れ入れる場所のこと。水を遊水地に移すことで、下流部の流量を調整し水害を防ぐ仕組みだ。

この渡良瀬遊水地には開発の手が入らないことから、ヨシ原が広がり、稀少な動植物も生息しラムサール条約湿地にも登録されている。

群生しているヨシは、毎年三月にヨシ焼きが行なわれて一掃される。この直後、焼け野原となった一帯にこんもりした小高い丘が姿を現わす。普段は草木に隠れているものが露わになった形だ。

じつはこの丘、かつてここに存在した〝幻の村〟谷中《やなか》村の遺構である。ほかにも墓石や石の祠なども現われ、かつてここに人が住んでいたことを感じさせる。

小高い丘は、「水塚《みづか》」と呼ばれる建物の土台。土盛りをして母屋より高くした場所に建

毎年３月に行なわれるヨシ焼きの光景。立ち枯れたヨシを焼くことで、ほかの植物の芽生えを促進する効果がある。（提供：わたらせ未来基金）

てられた平屋または二階建ての建物で、人や家財道具、作物などを洪水から守る施設である。洪水が起こると作物や家財道具を母屋からここへ移す、いわば洪水シェルターである。

幻の村といわれるこの谷中村は、水とともに暮らしていた村だった。周囲に比べて地盤が低く、たびたび洪水に見舞われる場所だったため、村の周囲は囲堤《かこいづつみ》で囲まれ、各家も水塚や揚舟《あげふね》（軒下に吊るした避難用の舟）などを用意して備える風習があった。周囲の池沼や水路を生かして湿地のヨシやスゲを使った笠づくり、養蚕業などを行なっていた。一八九四（明治二七）年の統計によれば、三八六戸の家があり、総勢二三〇二人が住んでいたという。

足尾鉱毒事件で村が消滅

この谷中村が遊水地になったのは、明治期のことである。洪水対策のために犠牲になったのかと思いきや、じつはその裏には別の意図があった。渡良瀬遊水地がつくられた理由は、ある〝人災〟を食い止めるためだったのである。

その人災とは、渡良瀬川上流にあった足尾銅山より流出する鉱毒。いわゆる足尾鉱毒事件である。栃木県選出の衆議院議員田中正造《たなかしょうぞう》がこの事件を大きく取り上げて糾弾したことで、日本初の公害として知られることになった事件だ。

政府は公害対策として、渡良瀬川下流に有害な鉱毒水を沈殿させ、無害化するため遊水地造成を計画した。その候補地に選ばれたのが谷中村だった。つまり、渡良瀬遊水地は洪水対策ではなく、鉱毒を沈めるためにつくられたのである。

渡良瀬遊水地ができると、谷中村は池の底に沈んで消滅してしまう。立ち退きを迫られた村人は猛反対したが、政府と栃木県は強行に買収を進めた。栃木県は、一九〇四（明治三七）年から堤防の復旧工事を事実上放棄。このためにちょうど水害に見舞われていた谷中村は、三年間も水づけの状態のまま行政に放置された。その二年後には、栃木県が強制的に谷中村を藤岡町《ふじおかちょう》（現・栃木市藤岡）に合併させたため、行政単位としての谷中村は消

ヨシ焼き後に姿を現わす旧谷中村の水塚跡。水が押し寄せてきたときは、この土盛りに建てられた家に生活の場を移していた。（提供：わたらせ未来基金）

滅するに至ったのである。

こうした行政のなりふり構わない攻勢によって、多くの住民が村から出ていった。最後まで残った一六戸も、一九〇八（明治四一）年六月二九日、強制執行により取り壊された。住民たちはそれでも仮小屋を建てて抵抗したが、一九一三（大正二）年に反対運動の旗振り役だった田中正造が亡くなったこともあり、四年後にはついに反対運動もついえた。そして一九二二（大正一一）年には一帯を囲う堤防がつくられ、渡良瀬遊水地が完成したのである。

足尾鉱毒事件の犠牲になり消滅した谷中村。一年に一度だけ現われるその姿は、人が暮らしていた幻の村の歴史をいまに伝えている。

古河を走る茨城県道は、四県をまたぐ日本で唯一の県道

宇都宮線

古河

こが

Koga

古河駅の西口を出て、ターミナルをそのまま西へ直進すると、県道二六一号が横切る丁字路につきあたる。左へ進んだ先には本町二丁目交差点があり、右折すると県道九号へ入る。この県道は、見た目はどこにでもあるような道路だが、じつは〝あること〟で日本一である。

日本一なのは、この道路がまたぐ都道府県の数。栃木県、群馬県、埼玉県、茨城県の四県を貫いている道である。県道といえば、県が管理する道路で、正式名称は「〇〇県道〇〇号〇〇線」と県名が入る。県境を越える県道もなかにはあるものの、それでも三県にまたがる県道は全国でも約一〇路線しかなく、四県をまたぐ県道となれば珍しい。

正式名称も「栃木県道・群馬県道・埼玉県道・茨城県道九号佐野《さの》古河線」と四県の県名を冠した道路名になっている。どこの県でも、九号という番号が同じなのは、かつては各県で路線番号が違っており混乱を生んでいたことから直されたものだ。栃木県内では栃木県道九号佐野古河線、群馬県内では群馬県道九号佐野古河線と、各県名をつけた九号佐野

古河線になる。

もとの渡良瀬川の流路に沿って蛇行した県境

四県をまたぐと聞けば、よほど長大な道路だろうと思ってしまうが、全長はわずか一八キロメートルしかない。茨城県古河市の本町二丁目交差点から、渡良瀬遊水地の西側を通りながら埼玉県と群馬県を通過したのち、栃木県佐野市の浅沼町交差点に至っている。

面白いことに、四つの県を順番に通るというだけではない。茨城県古河市から西へ向か

四県をまたぐ佐野古河九号線

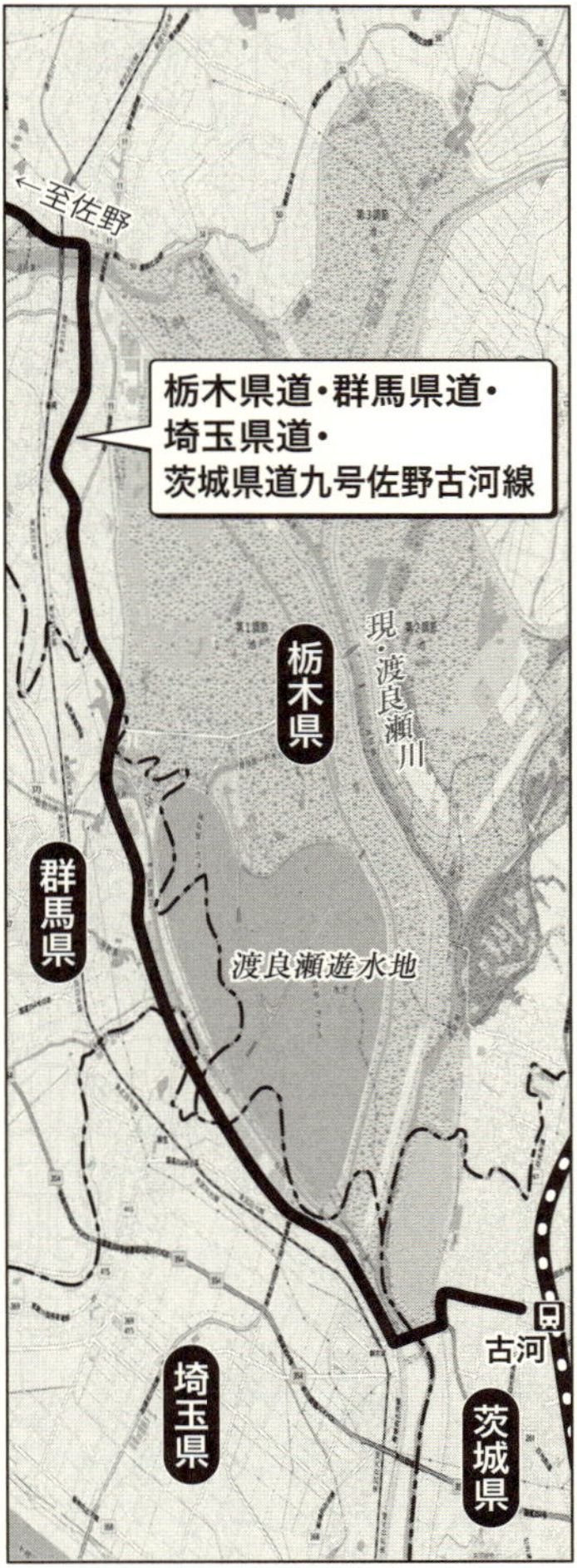

古河駅の西側から伸びている県道九号は、4県の境が複雑に絡み合った場所を貫通しており、途中で県境を6回も越える。(Map Data:©OpenStreetMap)

う と、埼玉県内を走ったあとに一瞬だけ栃木県に入り、さらに群馬県を通過して、また埼玉県に戻るのだ。そしてもう一度群馬県に入ったあと、栃木県へ抜けていく。車で走ると、この間はわずか数分であり、車のナビでも次々と県名表示が変わる。

地図を見るとわかるが、県道が激しく曲がっているわけではなく、むしろ県境が蛇行しているところを真っ直ぐ県道が通っている。

県境が曲がっているのは、渡良瀬川の旧流路に沿って県境が定められたからである。現在と違い、かつての渡良瀬川は激しく蛇行する河川だった。埼玉県、栃木県、群馬県はこの渡良瀬川で接していた。

しかし渡良瀬川は、各所で氾濫を引き起こして大きな問題となっていたため、その解決策として一九一〇(明治四三)年から改修工事が行なわれた。下流に渡良瀬遊水地を造成すると同時に、藤岡から遊水地までの間に幅一六四メートルの新しい流路を開削したのである。

こうして渡良瀬川は直線化されたものの、蛇行していた頃に設定した県境だけは変わらなかった。そしてこの場所に新しく県道九号が敷かれたというわけだ。茨城県古河市と栃木県佐野市を結ぶための短い県道だったが、県境が蛇行している場所を貫いたため、四つの県を行ったり来たりするという状況になったのである。

熊谷にカメがモチーフの遊歩道があるのはどうして？

高崎線
熊谷
くまがや
Kumagaya

熊谷市内に入った高崎線は、しばらく秩父鉄道と並走する。そして秩父鉄道上熊谷《かみくまがや》駅を過ぎたあとに北側へカーブしながら秩父鉄道と分岐して、高崎方面へ向かう。

その分岐点のあたりに細長くゆるやかにカーブした「かめの道」という遊歩道が伸びている。途中にはカメの形をしたモニュメントがあるが、この遊歩道がカメにまつわる道になったのには理由がある。

「かめの道」は、かつて走っていた東武熊谷線（通称：妻沼《めぬま》線）の跡地である。妻沼線が開通したのは、戦時中の一九四三（昭和一八）年のこと。当時、熊谷から利根川を挟んで北側にあった群馬県太田市や小泉地区（現在・大泉町）に、航空機やエンジンを製造する中島飛行機の工場があった。東武鉄道は、そこへの人員輸送と資材搬入出の便をはかる鉄道線を敷設せよと、軍部から要請を受けていた。

軍部の要請である以上、応えないわけにはいかない。東武鉄道は、第一期工事として熊谷～妻沼間で突貫工事を行ない、熊谷、上熊谷、大幡《おおはた》、妻沼を結ぶ全長一〇・一キロメートルの妻沼線を開通させた。線路の一部は秩父鉄道の熊谷〜石原《いしわら》間の複線敷を借り、熊谷駅と上熊谷駅のホームも秩父鉄道と共用。駅業務も熊谷駅は鉄道院（現・ＪＲ）に、上熊谷駅は秩父鉄道に委託した。妻沼線は、熊谷周辺の鉄道各社が一体となって実現した。

妻沼線の開通によって高崎線の利用者は、工場へのアクセスが向上した。それまでは東武小泉線で群馬県側からアクセスするほかなかったが、妻沼線で埼玉県側からつながるようになった。さらに第二期工事として、妻沼以北の建設も進められた。開通すれば、利根川を渡ったさらに先で東武小泉線に接続する予定だった。

だが、利根川を渡る鉄橋を架けるのは難工事のうえに、戦争中のことゆえ深刻な資材不足に陥っていた。建設は遅々として進まず、橋脚工事の途中で一九四五（昭和二〇）年八月一五日の終戦を迎えている。それでも治水上の都合により中途半端な状態で工事を止めるわけにはいかず、二年後に橋脚のみ完成。そしてその時点で延伸工事は中止となったのである。

妻沼町や利根川対岸の大泉町は路線の延長を望んだが、それは果たされることなく、せっかく完成した橋脚も一度も使用されることのないまま、一九七九（昭和五四）年までにその大部分が取り壊された。現在、対岸の大泉町の河川敷に一脚だけ残されているのが、第二期工事の唯一の名残である。

一部がかめの道になった東武熊谷線（妻沼線）跡

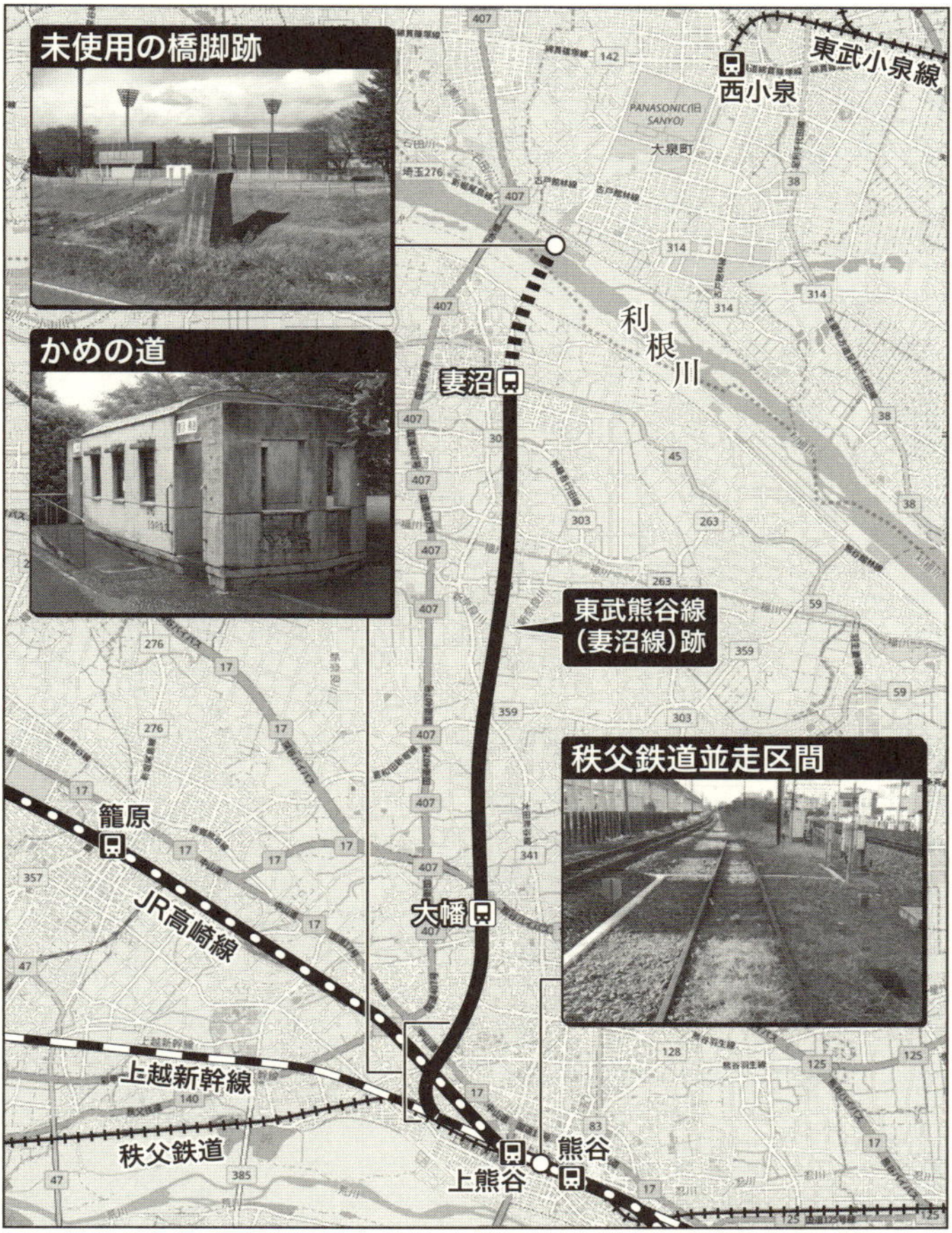

JR高崎線の熊谷～籠原間をくぐる「かめの道」は、かつて妻沼まで走っていた東武熊谷線（通称：妻沼線）の跡であり、鉄道跡を思わせるモニュメントが置かれている。（Map Data:©OpenStreetMap）

スローぶりまで愛された「かめ号」

対岸までの延伸は叶わなかったが、すでに開通していた熊谷〜妻沼間は、戦後になっても通勤・通学客や買い物客などから地元の足として親しまれていた。

客車を牽引していたのは、東武鉄道が鉄道院から譲り受けた英国製の蒸気機関車だったが、これが大変なスロースピードだった。約一〇キロメートルを二四分もかけて走るため、地元の人たちは親しみを込めて「のろま線のかめ号」と呼んでいた。一九五四（昭和二九）年には、当時最新鋭の「キハ二〇〇〇形」ディーゼルカーが導入され、終点まで一七分と短縮されたが、こちらも「かめ号」にちなみ、「特急かめ号」と呼ばれていた。

やがて、自動車が普及するにつれ妻沼線も赤字続きとなり、一九八三（昭和五八）年に廃線となる。線路敷は、熊谷市と妻沼町（現・熊谷市妻沼）が無償で借り受け、北側の一部は道路になり、南側はかつての愛称「かめ号」にちなんだ「かめの道」として整備され、途中にある石原公園とともに市民の散策の場になっている。

「かめの道」には、レールの形に見立てた柱やキハ二〇〇〇形気動車のイラストを描いたプレート、踏切の警報機をかたどったオブジェのほかに、「かめ号」の形をしたコンクリート製の防災倉庫、大幡駅舎を模した木造の休憩所など、妻沼線にまつわるものがある。

なぜか児童公園にポツンと置かれた重厚な鉄道橋

高崎線

深谷

ふかや

Fukaya

深谷《ふかや》駅から二キロメートルほど北側、県道一二七号が福川《ふくかわ》を渡ったところにブリッジパークという公園がある。スポーツ施設やカラフルな遊具が並び、子どもたちの歓声が響く都市公園だが、そこの西側の一画に公園名の由来となった橋がある。

そこには、赤レンガの橋台に鉄の本体をもつ重厚な鉄道橋が置かれている。柵で囲われており、もちろん遊具ではない。児童公園に鉄道橋が展示してあるとは不思議だ。

この橋は、鉄道が福川を渡るために設けられたもので、深谷の歴史と発展の象徴である。橋を建設したのは、血洗島《ちあらいじま》村（現・深谷市血洗島）出身の渋沢栄一《しぶさわえいいち》（一七八ページ参照）が一八八七（明治二〇）年に立ち上げた、日本煉瓦製造株式会社である。その会社が橋を建設したのは、当時の輸送事情が関係している。

明治期の日本では、西洋式建物の建築ラッシュを迎え、レンガの需要が高まっていた。日本煉瓦製造株式会社では、レンガの原料となる良質の粘土が採れることから、利根川沿いにある上敷免《じょうしきめん》村に第一工場を建て、ドイツから招いた技師の指導のもと、大量のレンガを生産していた。これらのレンガは主に東京に運ばれ、東京駅丸ノ内口駅舎、旧三菱第一号館、旧丸ビル、山手線の高架橋など、多くの名建築に用いられることとなる。

レンガを運ぶ日本初の引き込み線

工場ができた当初は、利根川を走る川船によってレンガを運んでいた。ところが、東京との往復にひどく日数がかかるうえ、天候に左右されることも多かった。そこで、自前で用意した鉄道でレンガを運ぶ計画が持ち上がる。深谷から東京までは、すでに日本鉄道線（現・JR高崎線）が走っている。最寄りの深谷駅につながる引き込み線ができれば、工場から東京市場まで一貫して鉄道で、安定した輸送ができるようになると考えられた。

こうして創業から八年後の一八九五（明治二八）年、上敷免工場から深谷駅に至る約四・二キロメートルの引き込み線が開通した。専用鉄道としては日本初である。こうして工場で製造したレンガを大量に運ぶことができるようになったのである。

日本煉瓦製造はその後も多くのレンガを製造していたが、時代とともに建築物の主流がレンガからコンクリートに変わると、徐々に業務を縮小し、輸入販売へと転換していった。生産量も少なくなり一九七五（昭和五〇）年には引き込み線が廃止される。跡地は深谷市に移譲され、遊歩道として整備された。

ブリッジパークに展示されている日本煉瓦製造の引き込み線の橋梁。福川に架けられていた、ポーナル型プレートガーダー橋とすぐ北側の水田にあったボックスガーター橋がある。

線路には、途中の唐沢川《からさわがわ》、福川、備前渠《びぜんきょ》用水と交差する三か所にプレートガーダー橋が架けられていた。プレートガーダー橋とは、鉄材を組み合わせてプレート状にし、断面がI字形になるよう組み立てた桁からなる鉄橋である。いまでも唐沢川と備前渠用水を渡る場所には、当時のままのプレートガーダー橋が架けられている。

福川に架かっていた橋も、ほかの橋と同様に遊歩道の一部になっていた。ところが、福川の河川改修で川幅を広げる際に撤去が必要になった。しかし、貴重な文化財である鉄橋をただ撤去して失わせるわけにはいかないと、福川の横の現在地へ移し、より多くの人々の目に触れるよう展示することになったのである。

西那須野にある「ぽっぽ通り」は、文字通り〝汽車ぽっぽ〟の道

宇都宮線

西那須野

にしなすの

Nishi-Nasuno

西那須野《にしなすの》駅を東側に降りると、バスターミナルから北側へ向かって、線路沿いに道路が延びている。そこを五〇〇メートルほど進むと、ある場所で車道だけが右折し、歩道だけが直進し、歩行者と自転車のための専用道路となる。「ぽっぽ通り」と呼ばれるその道は大田原《おおたわら》市のほうまで延びており、途中の至るところに彫刻やオブジェが飾られていて、あちこちに小さな公園も整備されている。しかも、蒸気機関車をかたどった装飾が多く、大きな車輪や駅のプラットホームもある。

「ぽっぽ通り」とはその名前から想像できる通り、かつて汽車が走っていた廃線跡だ。一九一八（大正七）年に開業した西那須野〜黒羽《くろばね》間を走る東野鉄道《とうやてつどう》である。一九二四（大正一三）年には黒羽駅からさらに那須小川駅へ延伸した。運んだのは旅客のほかに米、麦、タバコなどの農産物や肥料、そしてスギやヒノキなどの木材、薪炭といった林産資源だった。ことに第一次世界大戦時には、好景気で木材の需要が非常に高くなっており、輸送に活躍していた。

当時のおもな運送手段は馬車で、自動車はまだまだ普及しておらず、記録によると栃木県全体で一二台しかなかったという。東野鉄道は、新しい交通機関として大変な期待と注目を集めた。

台風二六号は「魔風」それとも「神風」？

ところが、第一次世界大戦後に一転、木材取引が激減し大不振に陥った。黒羽～那須小川間は採算が取れなくなり、一九三九（昭和一四）年には廃線となってしまう。しかし西那須野～黒羽間は、途中の金丸原《かねまるはら》駅近くに陸軍の演習場や飛行場があったため、戦中には軍需物資や兵員の輸送に貢献し、戦後も物資の輸送を行なっていた。

車社会が到来すると、徐々に東野鉄道の経営が圧迫されていく。旅客収入、貨物収入ともに減少し、一九六〇（昭和三五）年からは赤字続きとなった。東野鉄道は二度の運賃値上げを敢行したものの、経営状態は改善しなかった。この頃から、東野鉄道廃止論が唱えられるようになる。

東野鉄道の経営にさらに追い打ちをかけたのが、一九六六（昭和四一）年九月に襲来した台風二六号である。増水にさらされた蛇尾川《さびがわ》橋の橋台が傾いて列車が通行できなくなり、手前の大田原駅までしか運行できなくなったのである。蛇尾川の架橋は、敷設の際にも難工事とされた場所で、復旧には五〇〇〜六〇〇〇万円かかると見込まれた。これは赤字続きの東野鉄道にとって大打撃で、台風二六号は、鉄道の存続を願う側からは「魔風」と呼ばれ、廃止を望む側からは「神風」と呼ばれたという。

翌年一月に何とか蛇尾川橋の修復を済ませたものの、経営状況は好転しなかった。蛇尾川橋だけでなく、当時使われていた駅舎やレール、トンネルなども老朽化しており、ほかの箇所でもいつトラブルが起こるかわからない状況にあった。そうしたなか、東野鉄道の株主総会で鉄道廃止案が提出されると、満場一致で廃止が議決。西那須野〜黒羽間ではすでに路線バスが運行されていたため、廃止されても住民には不便がないと判断された。そして一九六八（昭和四三）年、東野鉄道は最後の運行を終えた。

廃止後の路線敷地は各市町村に譲渡され、道路や公共事業に活用されることとなった。その結果誕生したのが、全長四・二キロメートルのぽっぽ通りである。レールは外されているものの、ゆるやかなカーブを描いているところが鉄道路線の姿を留めている。家族連れが遊んだり、カップルがそぞろ歩いたりと、鉄道ファンならずとも楽しめる道となっている。

大田原から先の区間は、ほとんどの敷地が道路などに転用されて名残を留めていないが、大田原にトンネルがあるほか、蛇尾川や箒川《ほうきがわ》に鉄道の橋台の一部が残されている。

一部がぽっぽ通りになった東野鉄道跡

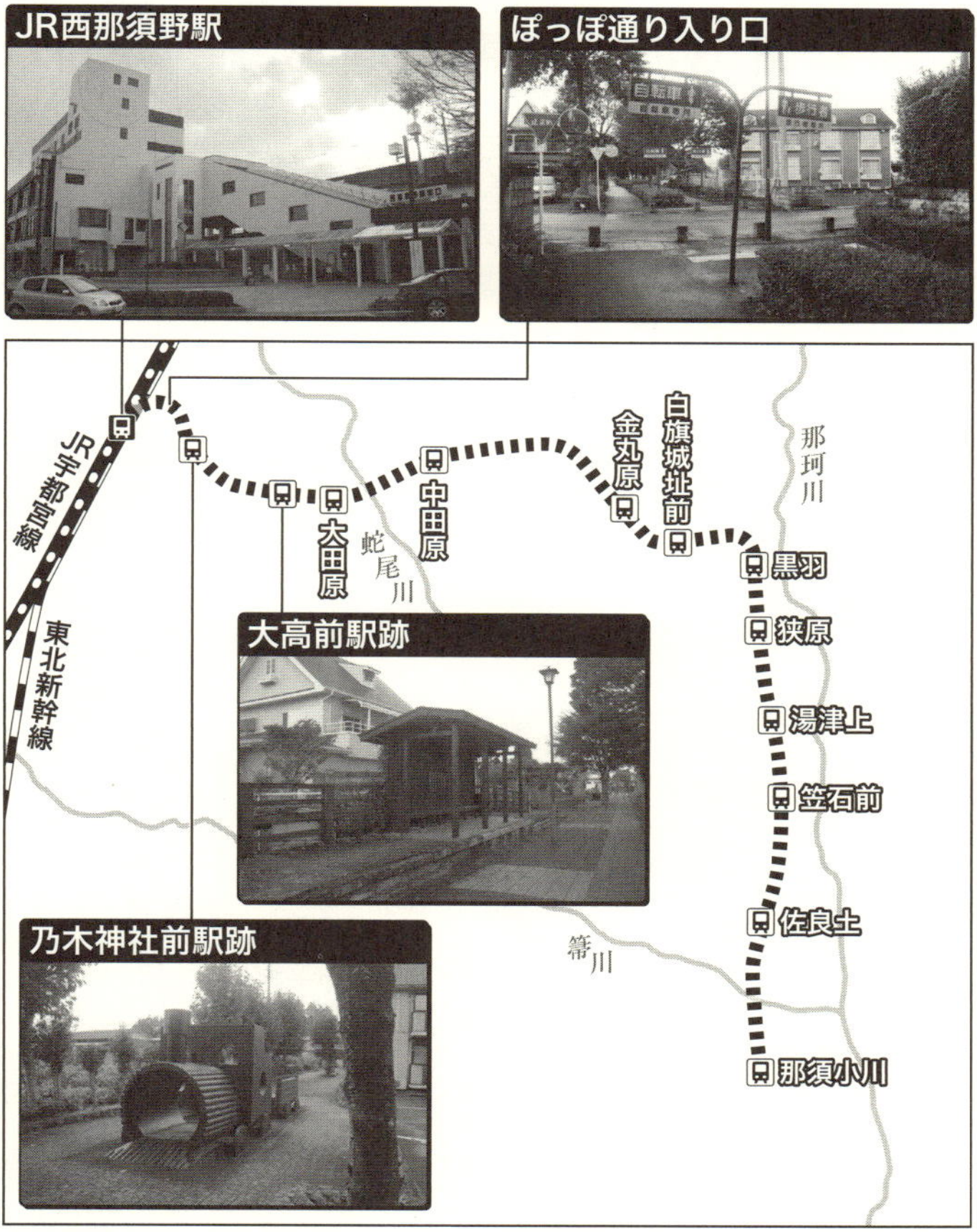

西那須野駅から大田原、小川方面へかつて東野鉄道が走っていた。その跡地は西那須野〜大田原間のみが「ぽっぽ通り」という遊歩道になっており、ほかの区間は道路や空き地となっている。

観光地・塩原温泉郷は、かつて電車で行くことができた！

宇都宮線

西那須野
にしなすの
Nishi-Nasuno

那須塩原
なすしおばら
Nasushiobara

宇都宮《うつのみや》線の那須塩原駅からバスで一時間ほど揺られると塩原温泉郷につく。箒川の渓谷に沿って一一の温泉地が点在し、湯本温泉や板室温泉などを擁する那須温泉郷と並ぶ、栃木県の代表的な温泉地である。

この塩原温泉郷へ行くには、関谷《せきや》地区から国道四〇〇号を通り、塩原ダムの横から山中を抜ける必要がある。その道中にガマ石園地と呼ばれる場所がある。ガマガエルのような形をした大きな石のある公園だが、この一画に「駅舎跡」と書かれた看板が立っている。「こんな山奥なのに駅舎……」と首を傾げたくなるが、じつは宇都宮線の那須駅（現・西那須野駅）から国道四〇〇号沿いに、かつて「塩原電車」という鉄道が走っていた。ガマ石園地は、その塩原電車の終点・塩原口駅の跡である。

塩原電車は、塩原温泉郷への観光鉄道だった。明治後半、山奥にある塩原へ行くには人力車や馬車を使うほかなかった。そこで、塩原水力電気株式会社が、那須～関谷間を結ぶ電車を計画し、一九一〇（明治四三）年に免許を取得し、塩原軌道に改称。一九一二（明治四五）年二月頃に着工し、七月に那須〜関谷間一〇・五キロメートルが開通した。その後、一九一五（大正四）年に新塩原駅（現在の入勝橋付近）まで二・五キロメートル延伸したのち、一九二一（大正一〇）年に電化されて塩原電車株式会社に改称。翌年には塩原口駅に至った。

温泉地への観光列車だったが、特筆すべきは大正天皇が利用されていたことである。塩原の福渡には、大正天皇の御用邸があり、そこへ行くために、大正天皇は塩原軌道を利用されたという。

軍のサイドカーとの衝突が廃止の引き鉄

順調に路線を延ばした塩原電車だが、開業からわずか二〇年後の一九三二（昭和七）年に営業休止となり、翌年に廃止される。塩原への唯一のアクセスルートであり、かつ皇室の利用があったにもかかわらず、わずか二〇年あまりで廃業に追い込まれてしまった。

塩原電車の経営は、もともと順調とは言い難く、電化してからようやく黒字になったほど。一九二七（昭和二）年に金融恐慌が起こり、さらにその二年後に世界恐慌が重なると、再び赤字に転落する。日本経済が大不況に陥ったのである。実際、一九二八（昭和三）年には約一〇万人だった塩原電車の乗降客は、翌年には四万人余りと半分以下になり、一九三一（昭和六）年には、わずか二万人余りにまで落ち込んだ。

また、昭和初期は乗合自動車が徐々に普及し始める時期であった。そもそも塩原電車の運行は、塩原温泉郷への交通手段が人力車や馬車しかなく不便だったことに端を発するが、乗合自動車が普及してくると、小回りがきく乗合自動車のほうが重宝された。

さらに経営を圧迫したのが、衝突事故の賠償請求だった。塩原街道（現・国道四〇〇号）と国道四号の交差点付近で、陸軍のサイドカーと衝突事故を起こした。現在の西三島交差点付近である。この事故により、陸軍兵士に死傷者が出たことから、陸軍から莫大な賠償金を請求されてしまったのだ。

不況や乗合自動車との競合によって乗客が激減していた塩原電車にとって、陸軍の賠償金は決定打になった。こうした不運な出来事や時代の流れに抗しきれず、塩原電車はその役目を終えたのである。

現在、塩原電車の名残は、ガマ石園地の駅舎跡の看板と、関谷〜塩原口にわずかに残る線路敷地跡、栃木県令三島通庸《みしまみちつね》を祀る三島神社の燈籠のみだ。この燈籠は、塩原電車の路線の大部分が、三島通庸が拓いた塩原街道を利用する形になったことから、三島神社で奉告祭（神に告げ奉る祭）を行なって献納したものである。

温泉地だけがなぜ飛び地に？三斗小屋温泉の不思議

宇都宮線

黒磯

くろいそ

Kuroiso

黒磯《くろいそ》駅の北西に広がる那須の山々の麓には、那須温泉郷が広がっている。江戸時代から那須七湯と呼ばれていた有名温泉地であり、その後も新しい湯の発見が続いたため、現在では那須十一湯と称され、週末ともなれば多くの人が温泉宿に訪れる。通りに旅館やホテルがずらりと軒を並べているが、三斗小屋《さんとごや》温泉だけが約四キロメートルも離れたところにある。その場所は朝日岳の西斜面の中腹で、標高一五〇〇メートルの地点である。道路が通っていないため車の乗り入れはできず、もっとも近い峠の茶屋駐車場から険しい山道を二時間も歩かなくてはならない。また公共交通機関を使う場合は、那須ロープウェイの山頂駅を降りて二時間歩く。

三斗小屋温泉にある温泉宿は二軒だけで、しかも冬期は営業していない。水道も電気も通じていないので、飲み水は湧き水、電気は自家発電、夜九時以降はランプの灯りだけという昔にタイムスリップしたような雰囲気である。だが、かえってそれが魅力を押し上げているようで、温泉ファンからは秘湯と呼ばれて人気となっている。

板室村との関係から那須塩原市に

それにしても、これほどの山奥に温泉宿があるとは不思議である。三斗小屋温泉は、一一四二（康治元）年に生島某という人物によって発見されたといわれている。このときは温泉が見つかっただけである。そこに温泉宿ができたのは、一六九五（元禄八）年に鬼怒川沿いを通る会津西街道が、天災により遮断された頃からである。会津西街道に代わって会津中街道が開かれ、街道沿い三キロメートルほどの斜面にある三斗小屋温泉がにわかに注目を浴びたのだ。そのときから街道を通る人々を癒す温泉地として賑わいはじめ、最盛期にはここに五軒の宿屋があった。会津に通じる経路に位置していたこともあり、戊辰戦争ですべて焼け落ちたが、その後二軒のみ再建されて現在に至る。

さらに立地にまつわる不思議はこれだけではない。三斗小屋温泉は、那須塩原市《なすしおばら》に所属しているが、周囲は那須町にぐるりと取り囲まれている。つまり温泉地だけが那須塩原市の飛び地となっているのだ。

三斗小屋温泉はもともと山麓の板室村《いたむろ》と関係が深く、明治時代の中頃まで板室村の一部だった。板室村は、西側に位置する高林村《たかばやし》との関わりが深かったため、一八八九（明治二二）年に合併して高林村となった。

那須塩原市の飛び地である三斗小屋温泉

那須温泉郷のひとつである三斗小屋温泉は、那須町に囲まれた那須塩原市の飛び地である。（国土地理院地形図を加工）

このとき、隣接する那須村（現・那須町）との間で、それまで曖昧だった境界をはっきりさせる話し合いが開かれた。高林村からは村長以下七名、那須村からは十数名が出席したが、双方とも譲らない。そうして最終的に、数に勝る那須村側が係争地の山林をすべて自分側の土地だと押し切り、かろうじて三斗小屋温泉だけが高林村の土地とされたのだという。

そして数度にわたる町村合併の結果、高林村は那須塩原市となったが、那須村は単独のまま那須町となった。そのため三斗小屋温泉はいまだに飛び地のままというわけだ。もっとも、両村の話し合いについては公的な資料として残っておらず、あくまで言い伝えとして残っている。

斜めにカーブしながら伸びる不自然な駐車場の正体

宇都宮線

蓮田
はすだ
Hasuda

蓮田《はすだ》駅付近の地図を見ると、駅の南東部に歪な形をした駐車場が目につく。それは線路と蓮田市中央公民館の間にある駐車場。公民館側である敷地の東側部分が、外側へ緩いカーブを描いている。一般的な駐車場であれば、スペースの無駄がないよう、なるべく四角く区画されるはずだが、ここは一辺が不自然にカーブしている。

この駐車場の東側は鉄道敷だったことが関係している。それは武州《ぶしゅう》鉄道という私鉄。一九一〇（明治四三）年に中央軽便電気鉄道という名前で設立され、中央鉄道と社名変更したあと、一九一九（大正八）年に武州鉄道となった。武州鉄道は、当時は鉄道の路線が走っていなかった岩槻《いわつき》に至る鉄道を計画し、のちに東京市街と日光を結ぶという壮大な目標を掲げるようになった。

東京から岩槻を通り日光へ向かう構想は確かに壮大だが、実際は東京や日光はおろか、蓮田駅から川口《かわぐち》市の神根《かみね》地区までしか走らず、開業からわずか一五年足らずで廃止となっている。

苦境の連続だった厳しい創業期

武州鉄道の経営は最初から躓《つまず》きの連続だった。最初に着工した川口〜岩槻間の工事では、沿線の町村との協議が進んでいなかったため進行が遅れ、しかも第一次世界大戦が勃発して資金調達が困難になり中止となった。その後、好景気になったのはいいが、資材や川口周辺の地価が高騰したため、川口へ乗り入れるルートは諦めざるを得なかった。

やむなく起点を川口から蕨《わらび》に変更したが、今度は第一次世界大戦後の不況のため、またもや資金の調達が難しく、これも中止となる。工事が進まないことから株主が払い込みを渋るという悪循環に陥り、本社の家財が差し押さえを受けるなどの苦境を味わった。

この苦境のなか、一部区間だけでも開業することを急ぎ、一九二四（大正一三）年にようやく開通の運びとなったのが蓮田〜岩槻間である。しかし、このとき駅は蓮田と岩槻の二つしかなく、列車は両駅の間を一五分で走るだけ。それでも一日七往復はしたという。宇都宮線の駅があるだけの、周辺人口が少ない蓮田駅が起点に選ばれたのは、蓮田には武州鉄道の有力な株主が多く、その意向を汲んだためと伝えられる。

翌年になって、河合駅と岩槻北口駅ができたものの、岩槻から東京に行くのに蓮田を通っては遠回りになるため乗客は少ないままだった。

営業区間を延ばしても焼け石に水

それでも武州鉄道は、一九二八（昭和三）年に岩槻〜武州大門間を開通させる。営業区間を延ばして起死回生をはかったわけだが、その翌年に総武鉄道（現・東武野田線）が、粕壁《かすかべ》駅（現・春日部駅）から岩槻駅を経て大宮駅に至る路線を開通させたため、乗客も貨物もそちらに流れ、武州鉄道の存在意義は薄らいでいった。

さらに武州鉄道は、一九三六（昭和一一）年に武州大門〜神根間を開業する。いずれは赤羽駅へも路線を延ばすつもりだったが、昭和恐慌の影響もあって経営不振から脱却できず、頼みの綱だった政府の補助金も開業から一〇年で打ち切りに。そして開業からわずか一四年の一九三八（昭和一三）年に、負債を残したまま解散したのである。

武州鉄道の不振の理由は、資金不足にあるが、ほかにも省線（のちの国鉄）の川口駅、蕨駅、赤羽駅などとの連絡をはかったものの、それが実現しなかったことにあった。

武州鉄道の蓮田駅は、現在の駐車場の北側にある駐輪場あたりにあった。そこからカーブしながら南側へ向かっている。そこが駐車場の東側にあるカーブである。その先にある跡地は宅地や道路になっていて名残を留めていないが、住宅地図を見ると家並がきれいに線路に沿っているのが見てとれる。

第三章

個性豊かな駅が勢ぞろい！沿線の街の履歴書

高崎線 宇都宮線

大宮
おおみや
Ômiya

都内にあった鉄道博物館が大宮までやってきたワケ

大宮《おおみや》駅の北側には、日本最大級の交通系博物館・鉄道博物館がある。大宮駅から徒歩では二〇分かかるが、ニューシャトルに乗ると、わずか二分で行くことができる。

この鉄道博物館は、二〇〇七（平成一九）年一〇月一四日、ＪＲ東日本の創立二〇周年記念事業の一つとして開館した。現存する最古の客車一号御料車（一八七六年製）をはじめ、一九三〇（昭和五）年製造の一等展望車マイテ三九形などの歴史的な展示物のほか、ジオラマやＤ51形蒸気機関車などの運転シミュレーターなど、鉄道を思う存分楽しむことできる。

オープン当日には九四〇〇〇人もの来館者が詰めかけ、入館待ちに四〇〇〇人が並んだという。開館から五年半が過ぎた二〇一二（平成二四）年四月二日には来館者五〇〇万人を突破し、大宮の新しい観光スポットとしてすっかり定着した感がある。

鉄道への熱意が鉄博を誘致

大宮にある鉄道博物館の内部。数多くの車両が展示され、鉄道ファンや家族連れなどで連日賑わう。

鉄道博物館は一九二一（大正一〇）年、鉄道開業五〇周年を記念して東京駅北側高架下に開館したのが初代である。その後一九三六（昭和一一）年に中央線の旧万世橋《まんせいばし》駅の敷地に新館を建設。一九四八（昭和二三）年からは交通博物館となり、一九七一（昭和四六）年からは交通文化振興財団の運営のもと、建物の老朽化で閉館となる二〇〇六（平成一八）年まで続いた。

現在の鉄道博物館は、この交通博物館の後継にあたるが、交通文化振興財団ではなく公益財団法人東日本鉄道文化財団が運営しているので、厳密には別の施設である。

そのまま交通博物館の場所に新館を建てればアクセスも良かったはずだが、もともと交通博物館の敷地を使う予定はなかった。

敷地が狭いうえ、ＪＲ本線ともつながっていないため、実物車両の展示ができないからである。そこでＪＲは、首都圏近郊で広い敷地がある場所に新しい建設地を求めていた。そのさなか、大宮市（現・さいたま市）が熱心な誘致活動を行なったのである。

古くから鉄道の拠点として栄えた大宮は、自他ともに認める〝鉄道の街〟。新幹線、在来線、私鉄などを含めると、一〇路線以上が大宮を通っていることからもわかる。また、旧国鉄の三大操車場の一つである大宮操車場跡地が、さいたま新都心として開発されており、鉄道そのものだけでなく街の歴史にも鉄道が深く関わっている。そこで鉄道博物館が来れば、将来のまちづくりに役立つと構想し、誘致に手を挙げたというわけだ。

旧大宮市には、鉄道の街であることのほかにも大きなアドバンテージがあった。大宮駅に隣接してＪＲ東日本の鉄道工場である「大宮総合車両センター」があり、鉄道博物館の展示品などの保存や修理などに関してバックアップしやすい。さらに、大宮駅の北側にＪＲ東日本の広大な所有地があることも強みだった。

こうした好条件が揃い、大宮は二〇〇四（平成一六）年二月、建設地として正式に選ばれた。とはいえ、何よりも力となったのは、やはり地元の〝鉄道の街〟としての自負であることは間違いなさそうだ。

なぜ大宮は盆栽の聖地とまで呼ばれるようになったのか？

高崎線　宇都宮線

大宮
おおみや
Ômiya

土呂
とろ
Toro

大宮は〝鉄道の街〟であるだけではなく、もう一つ世界的にも注目されている街である。それは「ＢＯＮＳＡＩ」。土呂《とろ》駅の南側にある盆栽村は、盆栽づくりの本場であり、近年では海外から〝盆栽の聖地〟として注目されている。来日する外国人のなかには、「どうしても本場の盆栽を見たい」と、盆栽村を訪れる人がいるばかりか、大宮に住んで盆栽村で修行をはじめる外国人もいる。

海外の盆栽人気を受けてさいたま市は二〇一〇（平成二二）年、大宮が「盆栽の聖地」であることをさらにＰＲしようと、大宮盆栽美術館を開館した。世界初の盆栽の公立美術館である。外国人観光客の来館は年々増加傾向にあり、二〇一七（平成二九）年度の来館者数は九万人を超えて過去最高記録を更新した。急増する外国人来館者のために、英語のガイドを配置するなど、国際化に対応している。

自治体を挙げてＰＲしているようすは、まさに盆栽の聖地だ。それにしても、なぜ大宮で盆栽が盛んになったのだろうか。

東京から植木職人が移住

盆栽村の歴史を振り返ると、そのルーツは大正末期にある。それまでは、植木職人が集まる場所といえば、現在の文京区千駄木《せんだぎ》の団子坂周辺だった。というのも、植木職人の必要性が増したのが江戸時代で、その理由は大名が江戸へ屋敷を構えるようになり、広大な庭を剪定する植木職人が多く必要となったからだ。そのため彼らは、大名屋敷のある江戸に住んでいた。その植木職人のなかに、盆栽を専門にする職人もいた。

こうした状態が近代以降も続いていたが、一九二三（大正一二）年に関東大震災が起こると一変する。このとき、植木職人たちはそれまでの団子坂周辺を離れ、大宮へと移住したのである。先駆けとなったのは、一九二五（大正一四）年四月に盆栽園を営んでいた清《し》水《みず》利《り》太郎《たろう》が移住して開いた清大園《せいだいえん》であった。

大宮へ移住した背景には、開発が進み都市化に拍車がかかる東京の変化があった。盆栽育成には、広い土地や清らかな水、豊かな土壌、新鮮な空気が必要である。大都市・東京で広い土地を確保することは難しく、また清らかな水や豊かな土壌という条件を満たすのも厳しい。そこで清水は、当時「源太郎山」と呼ばれていたこの地に着目したのである。

このとき清水は、個人的な移住ではなく、盆栽職人が集団で移り住んで新たに盆栽村を

ＪＲ宇都宮線の土呂駅から徒歩5分のところに、さいたま市大宮盆栽美術館がある。写真は館内の盆栽庭園。

つくることを計画していた。画期的だったのは、景観に関して居住規約ともいうべきルールを設けたことである。来訪者が自由に見学できるように門戸を開放したり、二階建ては建てず、垣根は生垣にしたりするなど、村全体を観光地にするとの目的が明確化され、移住する盆栽職人には、それらを守ることが義務づけられたのだ。現在の盆栽村の原型である。

戦時中、盆栽村は一時的に荒廃するが、間もなく復活する。このとき、真っ先に盆栽の魅力に気づいたのは、当時日本を占領していた連合軍の将校たちだったという。そうして盆栽村はよみがえり、一九五七（昭和三二）年に正式に「盆栽町《ぼんさいちょう》」という住所も獲得した。

餃子王国・宇都宮の秘密は土壌と気候にあった

宇都宮線

宇都宮
うつのみや
Utsunomiya

宇都宮《うつのみや》のＢ級グルメといえば、餃子を置いてほかにない。宇都宮駅の西口にも餃子像があり、ＪＲ東日本では、宇都宮を舞台にした映画『キスできる餃子』とタイアップした臨時団体列車「キスできる餃子宇都宮号」を二〇一八（平成三〇）年五月に運行しており、宇都宮線も餃子ＰＲに余念がない。

そもそも餃子の本場は中国だが、なぜ宇都宮が餃子の街になったのだろうか。

宇都宮餃子の歴史は、終戦後にさかのぼる。宇都宮には、満州（現在の中国東北地域）に出兵していた陸軍第一四師団の本拠地が置かれていた。終戦を迎えると、満州で餃子のつくり方を覚えた兵士たちが続々と宇都宮へ帰ってきて、本場の餃子を広めたのである。

さらに栃木県は、餃子の生産に適していた。日照時間が長く、水はけのよい良質な土壌をもつ県内の環境は、小麦粉とニラの栽培に適している。その中心都市である宇都宮は、まわりで生産した材料をすぐに調達できたのである。

また宇都宮の気候は、夏は暑く冬は寒いという、厳しい内陸性気候。食料事情が悪い戦後において、厳しい季節を乗り切るための貴重なスタミナ食となる餃子は、まさに宇都宮市民にぴったりの料理だったのだ。

このように宇都宮の人々のソウルフードになった餃子だが、全国の人々に知られるようになったのは一九九三（平成五）年以降のこと。きっかけは、その三年前の一九九〇（平成二）年、宇都宮市職員の研修の場で「宇都宮の日本一をPRしよう」という意見が出たことだ。そこで餃子購入額をほかの地域と比べてみると、宇都宮市の一世帯当たりの年間餃子購入額が、一九八七（昭和六二）年以来、連続一位であることがわかった。これにより、餃子によるまちおこしがスタートした。

一九九三年、宇都宮市内の餃子店や中国料理店など三八店舗が集まって「宇都宮餃子会」が発足したほか、全国ネットのテレビ番組「おまかせ！山田商会　宇都宮餃子大作戦」が七回も放映されて、全国的な知名度を獲得した。こうしていまでは宇都宮といえば餃子の街となったのである。

現在、宇都宮餃子会の加盟店は八〇店舗（二〇一三年六月時点）である。宇都宮餃子会は、「いろいろな餃子店の餃子を一度に食べたい」という人のために、常設店舗五店に加盟店のうち三三店舗もの味が楽しめる日替わり店舗を併設した「来《き》らっせ」を運営。予約をすれば、餃子づくりを体験することも可能だ。

不忍池が競馬場のコースだったことがある!?

高崎線 宇都宮線

上野
うえの
Ueno

上野《うえの》駅の西側に広がる上野恩賜《おんし》公園（通称：上野公園）のシンボルともいえるのが不忍《しのばずの》池《いけ》である。弁天堂と水上音楽堂のある一面にはハスが繁茂しており、七月から八月にかけては花が咲く。これほどの規模でハスが群生している場所は都内にはほかにない。

そんな不忍池が、かつては競馬場だったことをご存じだろうか。

それは明治期に存在した「不忍池競馬場」。池の周りがコースとなり、そこを何頭もの馬が駆けていた。その光景は、背景の池と重なって、まるで絵画のようだったという。

この競馬がはじまったのは、一八八四（明治一七）年。一一月一日に第一回の競馬が開催された。競馬といっても、当時は馬券などの発売はなく、入場料と寄付金で運営していた。あくまで観戦するだけの興行で、上流階級向けの優雅な催しといった趣だった。観客はおもに正装で、明治天皇も観戦に訪れた。まさに限られた人々のための社交場ともいえるものだったのだ。どれくらいの頻度で催されたかは明らかではないが、一〇年ほど続いたといわれている。

競馬場の次は野球場計画

競馬が催されなくなっても、不忍池は何かと利用された。一九〇七（明治四〇）年には、競馬場敷地で東京勧業博覧会が開かれた。その後、一九二三（大正一二）年の関東大震災のときは池の水が消火用として使われ、被災者のためのテントやバラックが並ぶ難民キャンプになった。さらに昭和に入ってからは、戦時の食糧難のために、池が一時的に畑に様変わりした。戦後もしばらくは京成上野駅の地下排水を利用した水田が営まれ、一九四六（昭和二一）年の秋には二〇〇俵も収穫できたという。

そうした状況でにわかに持ち上がったのが、不忍野球場の建設計画である。田圃となった池をプロ野球チームの野球場にしようという動きが持ち上がったのだ。

ところが、これに猛反対したのが地元の人々だった。観光地・上野の一番美しい景色である池が埋め立てによって失われることに反対したのだ。上野観光連盟は、当時の上野駅長や国立博物館長、科学博物館長などの協力を取り付け、メディアを通じて埋め立て反対をアピール。最終的には東京都議会が承認しなかったため、野球場建設計画は頓挫した。やがて池はもとの田圃の状態から復旧工事が行なわれて、かつての美しい姿を取り戻したのである。

高台の一等地なのに巨大な団地が立ち並ぶ赤羽台の不思議

高崎線 宇都宮線

赤羽
あかばね
Akabane

赤羽《あかばね》は東京都北区随一の繁華街が広がっているエリアである。その赤羽駅の西側の台地には圧巻の光景が広がっている。大きなコンクリートの高層住宅が五〇棟以上も立ち並んでいるのだ。この都区内最大規模を誇る巨大マンモス団地は、日本住宅公団（現・ＵＲ都市機構）の赤羽台団地と都営桐ヶ丘《きりがおか》アパートである。

比較的都心に近い、都内有数のターミナル駅から徒歩五分という抜群の立地で、かつ高台の一等地であるこの赤羽台一帯に、これだけの巨大な団地があるというのは不思議な光景である。じつはこの場所の前身は旧軍用地。そのため戦後、まとまった土地を一括で払い下げ、大規模に開発することができたのだ。

ここに軍の施設があったといわれても想像できないだろうが、明治以降の赤羽は、軍とともに発展してきたといってもいい。

静かな農村が広がっていた赤羽に軍の施設がつくられたのは一八七二（明治五）年のことである。このとき、現在の桐ヶ丘アパートの場所に赤羽火薬庫が置かれた。

さらに一八八七（明治二〇）年になると、現在のＪＲ高崎《たかさき》線・宇都宮線と埼京線が分岐する地点にあたる三万坪の土地に陸軍第一師団工兵第一大隊がつくられ、その隣に近衛工兵大隊が移転。隣接して練兵場や作業場なども設けられた。また赤羽台団地の場所には一八九一（明治二四）年に九万坪もの広大な陸軍被服本廠《ひふくほんしょう》がつくられ、軍服、帽子、靴、背嚢《はいのう》などを製造していた。こうして赤羽一帯は、いくつもの軍需工場が並ぶ軍都へと変貌を遂げたのである。

軍事施設の拡充は、農村だった赤羽の町に大きな変化をもたらした。日曜日には兵士が外出するため、兵士目当てに商売をはじめる店ができた。さらに軍事関連の企業や工場も周辺に次々と建ち並び、多くの人が赤羽駅を利用するようになった。人が集まるようになればと商店街ができ、賑わいのある街を形づくったのである。

アメリカ軍から返還された広大な軍用地

軍都として発展した赤羽だったが、第二次世界大戦中は軍需工場があったため空襲にさらされた。度重なる空襲で区の半分が焦土となり、多くの死者を出した。

戦後、軍事施設の跡地はアメリカ軍に一旦は接収され、その約半分が進駐軍の保安司令部などの米軍施設となった。しかし講話条約の締結後、徐々に土地が返還されるようになり、広大な軍事施設の跡地には学校や病院、桐ヶ丘アパートなどが建てられた。

被服本廠があった土地は、接収されて、アメリカ軍の戦車修理工場になっていたが、一九六〇（昭和三五）年に返還された。繁華街に近い高台の一等地であるため、この土地の活用法は大きくクローズアップされ、一時は大学誘致も計画された。しかし人々の住居の確保が急務であるとして、大きな団地を造成することが決まり、日本住宅公団へ払い下げられた。こうして返還から二年後に赤羽台団地がつくられたのである。

団地が立ち並ぶ現在の姿から、ここが軍事施設だったとは想像もつかないが、現地に行くと、わずかながらその痕跡を目にすることができる。

赤羽駅の西口から延びる赤羽緑道公園。敷石に線路のようなデザインが施され、引き込み線跡であることをしのばせる。

たとえば赤羽駅西口から桐ヶ丘アパートの手前まで延びる赤羽緑道公園は、かつて軍用の引き込み線が通っていた場所である。S字カーブが鉄道敷を思わせるほか、レールと枕木をイメージしてつくられた敷石に加え、鉄橋を模した柵や蒸気機関車の動輪のレリーフなど、鉄道が敷かれていたことをいまに伝えている。

東京都北区の軍事施設跡

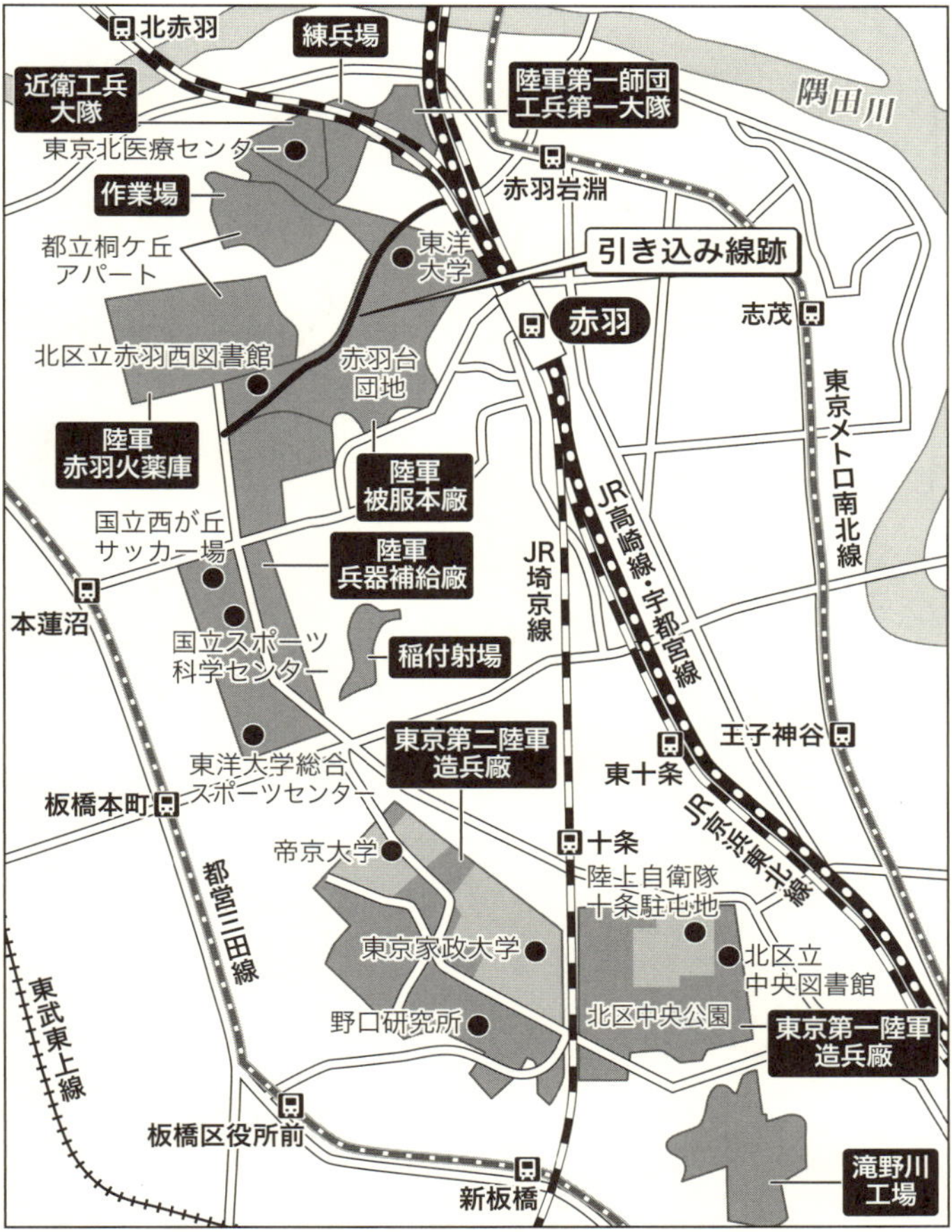

赤羽駅の西側に広がる赤羽台一帯は軍事施設が立ち並ぶ所だった。また、南側の十条駅周辺にも造兵廠が広がっており、北区全域が軍都の様相を呈していた。

江戸時代から行なわれていた駅伝よりも苛酷なレースとは？

高崎線

埼玉県の有名なスポーツ大会といえば、埼玉国際サッカーフェスティバルやさいたま国際マラソンがあるが、そのなかの一つに埼玉県駅伝競走大会（通称：埼玉駅伝）がある。地域の社会人チームだけなく、大学生や高校生のチームも参加する大規模な駅伝大会だ。一般男子、市町村男子、高校男子、一般・高校女子の四つの組ごとに出場チームが競う。

埼玉駅伝のはじまりは一九三二（昭和六）年にまでさかのぼり、二〇一八（平成三〇）年二月四日には第八五回大会が開催された。あの箱根駅伝が第九四回であることを考えると、箱根駅伝に匹敵する歴史をもつ大会といえるだろう。

第一回は本庄《ほんじょう》～埼玉県庁間のコースだったが、二〇一二（平成二四）年度の第八〇回大会から一般男子、市町村男子、高校男子の部が、さいたま新都心駅前から熊谷《くまがや》スポーツ文化公園陸上競技場までの六区間（四二・一九五キロメートル）、一般・高校女子が、鴻巣《こうのす》駅東口付近・エルミこうのす横から熊谷スポーツ文化公園陸上競技場までの五区間（二〇・五キロメートル）になっている。どちらのコースも旧中山道《なかせんどう》（県道一六四号）と国道一七号を走るルートとなっており、選手たちはほぼ高崎線と並行して走ることになる。駅伝の開催日に高崎線に乗れば、車窓から選手たちの雄姿を見ることができるかもしれない。

〝一一〇キロメートルを走破する〟雨乞い駅伝

中山道を五～六人でひたすら走り続ける駅伝大会だが、かつてもっと苛酷な駅伝が、同じ中山道で行なわれていた。なんとその距離約一一〇キロメートル。走るのは、駅伝のために鍛えた選手ではなく、蕨《わらび》の住民たちである。

彼らが中山道を走ったのは、蕨城落城伝説にちなんだ雨乞いの行事の一環だった。

蕨城は、南北朝時代に足利氏一門の渋川義行《しぶかわよしゆき》によって築城された城で、曾孫の渋川義鏡《よしあきら》が古河公方《こがくぼう》に対抗するための拠点としていた。戦国時代には、渋川氏を城主に据えたまま北条方の城となったものの、一五六七（永禄一〇）年に北条氏の援軍として出陣した上総三船山で、当主の渋川義基《よしもと》が戦死してしまい、城主の渋川家が断絶。城主不在のまま自然消滅的に廃城となった。その後、渋川家家臣の多くは蕨城周辺で農民となって土着した。

話がこれだけなら誰も走る必要はないのだが、ここからが伝説である。最後の城主であった義基が戦死したことを聞いた奥方は、故郷の上州で夫の冥福を祈っていた。ある日、下女をともなって榛名山《はるなさん》詣でをした際、夫人が突然に「貞女は二夫にまみえず。われ龍神となり蕨の里を守る」と言い残して榛名湖に身を投げてしまったのである。その後、蕨では干ばつや雪、雹《ひょう》などによる農作物の被害がなくなったことから、蕨にいた渋川家の旧家臣や農民たちは、夫人を神と崇めるようになったという。夫人は、蕨の渋川家菩提寺・宝《ほう》樹院《じゅいん》に龍體院《りゅうたいいん》として祀られた。

その後、蕨の農民たちは、日照りが続いて水不足になると、龍體院に雨乞いを祈願するようになった。その雨乞いの方法は、各集落で二名ずつ選出された青年たちが榛名神社で祈祷をしたあと、ふんどし一丁で榛名湖に入り、その水を竹筒に入れて蕨まで持ち帰るというもの。このとき、榛名湖から蕨までの約一一〇キロメートルの間、彼らは竹筒を背中につけて中山道を大急ぎで走った。途中、高崎、深谷《ふかや》、大宮、浦和《うらわ》では次の二人組が待ち構えており、駅伝の中継地点のように竹筒を引き継いで、次の区間を走った。そして蕨に入ると、竹筒を宝樹院へ運び、雨乞いの祈願を行なったのである。

帰り道を駅伝のように走っていたのは、少しでも立ち止まると、そこに雨を降らせてしまうとされていたからだ。そこで農民たちは、決して止まらないようにするため、中継地点を設けて交代のランナーを配置し、駅伝のように水を襷《たすき》代わりにして運んだというわけである。無論、江戸時代の〝雨乞い〟駅伝は、現代のようなスポーツとして楽しむ駅伝とは異なり、切実な思いで走っていたに違いない。

高崎線
行田
ぎょうだ
Gyōda

行田の伝統産業・足袋の発展はマムシのおかげ!?

上野駅から高崎線の各駅停車に乗って一時間余りの場所に行田《ぎょうだ》駅がある。行田市域には埼玉古墳群をはじめ、条里遺構などの文化財が多いことからもわかるように、縄文時代や古墳時代から栄えていた土地である。また中世から近世にかけては忍城《おしじょう》の城下町として賑わっていた場所でもある。

さて、この行田という地名を聞いて、二〇一七（平成二九）年に放送されたテレビドラマ『陸王』を思い浮かべた人は少なくないだろう。『陸王』は、作家・池井戸潤の小説をドラマ化したもので、行田市にある足袋製造会社が、業績が低迷して資金繰りに苦しみながら、足袋製造のノウハウを生かしてランニングシューズ「陸王」を開発するという物語だ。ドラマの舞台になったように、足袋の製造は行田市の長年に及ぶ伝統産業なのである。

行田の足袋は、寛政年間（一七八九～一八〇一）に書かれた『武蔵志』（福島東雄著）で地域の産物として紹介されているため、発祥はそれ以前にさかのぼる。だが、詳細な時期や経緯については、長年郷土史家の間でも議論が分かれてきた。享保年間（一七一六～

一七三六）に当時の忍藩主だった阿部正喬《あべまさたか》が、武士やその家族などに足袋の製造を奨励したことがはじまりだとする説や、それを正徳年間（一七一一～一七一六）にまでさかのぼらせる説などもあるが、現在ではおおむね安永・天明年間（一七七二～一七八九）あたりで、町人や農民主体で製造がはじまったのだろうといわれている。

熊谷商人や山仕事に人気を博した紺の足袋

当時、足袋をつくっていたのは行田だけではない。にもかかわらず、行田で足袋産業が大きく発展したのは、ある需要が多かったためだといわれている。

行田の足袋の需要を支えていたとされるのは、なんとマムシ。熊谷の商人は、同じ忍領の秩父と盛んに商取引を行なっていた。当然、秩父へ何度も足を運ぶことになるのだが、秩父の山中はマムシが多くて難儀していた。そこで、彼らは紺色の足袋を履いて秩父へ向かった。紺色の足袋を履いたのは、マムシが紺色を嫌うと考えられていたからである。

秩父の山へ入る者は熊谷の商人だけでなく、木材の伐採を行なう人や、山奥で炭焼をする人、猟師などもいた。それらの職業人がみな足袋を履いて作業した。熊谷の商人は、ここに需要があることを見抜き、長物師につくらせたというわけだ。

そしてその長物師が、簡単な足袋刺しなどの作業を農民に教え、農閑期の内職として足袋づくりが定着していった。当時は毎年のように不作が続き、非常に苦しい状況だったため、農民にとっても副業は歓迎だった。

さらに行田は木綿栽培が盛んだったため、足袋の材料の調達が容易だったことや、利根川や荒川の舟運によって、江戸にまで販路を広げた。こうして行田は足袋の一大産地として知られるようになったのである。

『陸王』の舞台「こはぜ屋」の外観ロケ地となった、足袋の製造販売を行なう工場の外観。

行田では足袋づくりの内職が増え続け、明治期以降は元下級武士層も加わって、相当数が足袋づくりに従事していたという。最盛期の一九三八（昭和一三）年には、年間八四〇〇万足、全国生産の八割を占める日本一の足袋の町になっていた。

戦後になり、日本人の生活様式の変化と化学繊維の導入によって足袋生産は衰退していき、現在は電気機械や非鉄金属の生産が足袋産業を大きく上回っている状況だ。それでも市内には、いまも漆喰やレンガなどでできたさまざまな足袋蔵が八〇棟も残っており、行田足袋の歴史を伝えている。

高崎線

鴻巣
こうのす
Kōnosu

びっくりひな祭りの舞台・鴻巣が、ひな人形のまちとなった理由

鴻巣市は、毎年二月中旬から三月中旬にかけて「鴻巣びっくりひな祭り」が開催されている。何が「びっくり」なのかというと、日本一高いピラミッドひな壇があるからだ。その巨大さには、確かに誰もがびっくりするはず。なにしろメイン会場である鴻巣駅東口直結の「エルミこうのすショッピングモール」に登場したピラミッドひな壇は、高さ七メートル、段数三一段という圧巻の大きさ。そこへ一八三〇体ものひな人形が並んでいるのだ。

メイン会場だけでなく、五か所のサテライト会場と二か所の展示会場を合わせて合計八つの会場にひな壇が置かれているほか、街角のあちこちにもひな人形が飾られている。その数、合計するとなんと一万体以上というから規格外の大きさである。さらに太鼓や雅楽の演奏、コンサート、ひなあられのプレゼントなど、祭りの期間中にはさまざまなイベントが行なわれており、鴻巣全体がお祭り状態になる。その華やかなお祭りは多くの観光客を集め、二〇一八（平成三〇）年には約四五万人もの人が訪れている。

鴻巣でこのような祭りが開催されているのは、江戸中期から「鴻巣びな」として知られていたほど人形づくりが盛んな土地だったからである。

その伝統は近代以降も引き継がれ、現在も鴻巣には江戸時代から続く老舗の雛屋をはじめ、頭や胴、小道具、赤もの人形などをつくる店、近代的なメーカーや新進気鋭の人形専門店、箱屋などの関連業者など、数多くの店がある。江戸時代から続くひな人形の歴史は、現代にも受け継がれているのである。

諸説ある鴻巣びなの起源

鴻巣のひな人形づくりの歴史は約三八〇年に及ぶといわれている。そのはじまりは、鴻巣の上谷新田《かみやしんでん》。現在の鴻巣駅の東側、人形《にんぎょう》地区から上谷地区にかけての場所である。

起源については、天正年間（一五七三〜一五九二）説や、一六〇二（慶長七）年直後説、貞享・元禄年間（一六八四〜一七〇四）説などがある。

天正年間説や一六〇二年説では、徳川家康の入府とともに土人形《つちにんぎょう》づくりが広まったとしている。土人形とは、粘土などをこねて乾燥させ、素焼きにして彩色したものだ。

だがもっとも有力とされているのが貞享・元禄年間説である。一六八七（貞享四）年頃、仏師・藤原右京の孫弟子である吉国という若い彫刻師が、宿場町だった鴻巣にやってきて、宿屋の娘と恋に落ち、子供が生まれ、住み着いた。この吉国という人物が、一帯の農家へ人形づくりの技術を伝えたのが、人形づくりのはじまりだという。当初は木彫の人形に衣装をつけただけのものだったが、次第に御所人形風に改良した土人形となって独特の鴻巣びなへと発展していったのだという。

しかし、このはじまりについては異論もある。『鴻巣市史』によると、鴻巣ではもともと土人形をつくっていたわけではなく、じつはほかの地域から仕入れてきたものを売買していただけの可能性があるとしている。鴻巣では最初から人形がつくられていたわけではなく、土人形も余所のものを売買していただけだったという。だが、明和・安永年間（一七六四～一七八一）になり、煉物《ねりもの》でつくる技術が伝わると、鴻巣にも変化が訪れた。煉物というのは、おがくずを正麩糊《しょうふのり》で練って型に入れて乾燥させたもの。この方法は、木型さえつくれば大量生産ができるうえに、軽くて加工も簡単だった。そこで、これまで売買だけをしていた鴻巣でも、人形を盛んにつくるようになったと考えられている。

鴻巣びなの歴史は、売買から始まったのか、それとも人形づくりから始まったのか、この起源についてはいまもはっきりしない。それでも江戸時代には関東三大雛市の一つに数えられるまで発展したのは確かである。鴻巣市産業観光館「ひなの里」では、時系列に沿ってひな人形が展示されており、変遷をわかりやすく追うことができる。

埼玉県ができる前は「熊谷県」が置かれていたってホント？

高崎線
熊谷
くまがや
Kumagaya

埼玉県北にある熊谷市は、人口約二〇万人の中規模都市である。ラグビータウンを標榜し、二〇一九年のラグビーワールドカップにおいては三日間の会場になる。名産品も多く、地酒やといた小麦粉に野菜や肉などをまぜて焼いたフライなどが有名だ。

その熊谷市の過去をさかのぼると、もともとは県庁所在地であった。埼玉県の県庁所在地は、合併でさいたま市になる前は浦和市だったはずだが、熊谷にもあったのか。じつは明治初頭、数年間だけ存在していたのである。

熊谷は、江戸時代から忍藩領に位置していたため、明治維新後も忍領だった。忍知藩事（県知事に相当）の所管であり、一八七一（明治四）年の廃藩置県でも忍県の一部となった。だが、同年一一月になると忍県が廃止され、現在の埼玉県域の西側に、新たに入間《いるま》県が設立されたことにより、熊谷は入間県の一部となる（一六五ページの地図参照）。

この入間県の県庁は川越にあったが、のちに熊谷に移ることになる。県庁が移転したのはどういう経緯があったのか。

明治の元勲たちに直談判

そもそも熊谷の人々は、入間県政に組み込まれていることに不便を感じていた。入間県は県庁が川越、支庁も深谷にあり、どちらに行くにも大変だったからである。そこで熊谷の有力者たちは、「熊谷を県庁所在地に」と考えた。江戸時代から農業も商業も盛んで、宿場町としても栄えた熊谷なのだから、県庁を置いても何ら不思議はないというわけだ。そこで地元名士の竹井澹如《たけいたんじょ》らが発起人となり、熊谷への県庁誘致運動を開始した。

本来ならそう簡単に県庁など誘致できるものではないが、竹井らの動きは抜け目のないものだった。熊谷で宿泊していた明治政府の高官に直談判したのである。竹井は、富岡製糸場への出張途中に熊谷に宿泊していた租税頭《そぜいのかみ》の陸奥宗光《むつむねみつ》、大蔵省三等出仕の渋沢栄一《しぶさわえいいち》、古河市兵衛《ふるかわいちべえ》らに宿泊用の寝具を貸与し、そしてその夜に直接訪れた。竹井は、支庁が深谷にあるために熊谷の人が不便を感じていることを述べたうえで、「我々は支庁より県庁の設置を希望している」と要求したのである。

すると、陸奥宗光はあっさりと「熊谷は中山道中枢要の地であるから、県庁設置もあながち不可能ではあるまい」と認め、事情の詳細を書いた建白書を、太政大臣三条実美に提出するよう助言。我々もその達成に尽力すると、県庁移転を快諾したのである。

その後、竹井らは陸奥の助言通りに建白書を提出した。だがその後、詮議中としてなかなか決まらない。業を煮やした竹井らはまたもや直接陸奥を訪問した。陸奥が「もし県庁設置の場合、庁舎や官員の住宅等は差し支えないか」と尋ねたところ、竹井はその場で「熊谷寺《ゆうこくじ》の庫裡《くり》を庁舎にして、官舎は空き家やその他で賄える」と返答。このやり取りを聞いた熊谷の人々は、使えそうな空き家を徹夜で探し出すほど慌てたという。

こうした苦労の末、ついに一八七三（明治六）年三月、熊谷寺の庫裡（現・熊谷税務署）に入間・群馬両県の事務局が移転した。このとき、熊谷はついに県庁所在地になったのである。

当時の入間県令（県知事に相当）河瀬秀治《かわせひでじ》は、群馬県令をも兼任していた。だが二県を同時に統括するのは大変であり、同年六月、群馬県と入間県が廃止され、合併して熊谷県が置かれることになった。熊谷は県庁所在地どころか、県名にもなったのである。

しかし、この熊谷県の寿命は短かった。しばらくして旧入間県と旧群馬県の対立がはじまり、旧群馬県が独立運動をはじめたのである。結果、一八七六（明治九）年八月に熊谷県はあっさり廃止になり、旧入間県の管轄区域は埼玉県に編入されたのである。

熊谷県の寿命は、わずか三年。あまりに短かったためか、その職制も県治にも不明な部分が多く、今日では幻の熊谷県と呼ばれている。

高崎線

高崎
たかさき
Takasaki

高崎が工業集積地として発展した秘密

高崎線の終点である高崎は、群馬県最大の工業都市である。食品メーカーや飲料、医薬品メーカーなど数多くの工場があり、群馬県下で一番の経済都市となっている。ケロッグやニップン冷食（日本製粉）、タカナシ乳業、ハーゲンダッツ、第一屋製パン、加ト吉水産、飲料では大塚製薬、地場産業では高崎ハム、ハルナビバレッジなどの工場が集積している。

これほどまでに工場があるのは、高崎が歩んだ歴史と関係している。

県下最大の経済都市である高崎は、江戸時代においても上州一の繁栄を誇っていた。高崎藩の城下町でありながら、中山道で一三番目の宿場町・高崎宿が置かれ、中山道と北国街道との分岐点として賑わっていた。

しかし、明治になると衰退の危機が訪れる。一度は高崎に決まっていた県庁が、前橋の熱心な誘致運動によって移転してしまったのだ。困った高崎が、浮遊のきっかけとしたのが軍隊だった。一八八四（明治一七）年、陸軍歩兵第一五連隊（通称・高崎連隊）が高崎城内を本営として創設されると、高崎は軍都へと様変わりし、人、モノが集まる都市になったのである。

陸軍の要請を受けてつくられた剣崎浄水場。緩速濾過という方式で水をつくっており、おいしい水ができると評判である。（提供：高崎市水道局）

しかし、安心したのもつかの間、新たなピンチが訪れた。高崎市内で腸チフスが大発生したのだ。これにより、軍から突然、腸チフス防止のために上水道を完備するよう要望されたのである。

上水道を完備するには莫大な資金がかかるが、完備しなければ軍がよそへ移転してしまう。軍都としての地盤が崩れ、高崎は再び衰退してしまう。そこで高崎市は浄水場建設を決定し、一九一〇（明治四三）年、全国で二〇番目、県内では初の浄水場を完成させた。JR信越本線の群馬八幡駅の北側にある剣崎《けんざき》浄水場である。

高崎としては大変な出費だったが、のちにこの浄水場の存在が高崎を救うことになる。

水のおいしさに惚れたビール会社が戦後の高崎を救う！

浄水場をつくってまで軍を引き留め、軍都として発展した高崎だったが、戦後は軍都としての機能は不要となり、結果的に最大の基盤を失うことになった。

しかし、そこに救世主が現われた。一九六五（昭和四〇）年、剣崎浄水場の水に惚れ込んだキリンビールが高崎に進出し、工場を開いたのである。

キリンが惚れ込んだ水の秘密は、剣崎浄水場が「緩速濾過《かんそくろか》」という方式を採用していたからだ。これは、取水した水を何層もの砂利層にゆっくり通過させ、微生物群や藻の働きで不純物を分解する方法。エネルギーコストが低い割に良質な水が得られる方法である。

その前年、一九六四（昭和三九）年には剣崎浄水場の西側に、同様の緩速濾過方式を採用した若田《わかた》浄水場がつくられた。これらの浄水場が建てられたことにより、良質な水が大量に手に入るようになり、食品や飲料、医薬品メーカーの工場誘致がさらに促進される形となった。そして高崎は県下最大の工業都市、経済都市となったのである。

発展の原動力となった剣崎浄水場は、日本最古級の浄水場として、現役で活躍している。稼働中の施設であるため個人的な見学はできないが、付近にある高崎市水道記念館には、明治以降の水道管など関係資料が展示されている（見学は要電話予約）。

駅前のメルヘンチックな時計が語るドイツとの絆

宇都宮線

石橋
いしばし
Ishibashi

石橋《いしばし》駅は一八八五（明治一八）年に開業した、宇都宮線の大宮以北の区間ではもっとも古い駅の一つだ。一日あたり約四九〇〇人が利用している。

石橋駅の西口を出ると、おとぎの国を思わせるかのような、メルヘンチックなからくり時計が目に飛び込んでくる。一日三回、グリム童話のキャラクターが登場して音楽に合わせて回転する石橋駅のシンボルだ。

石橋駅にからくり時計があるのは、下野《しもつけ》市とドイツのヘッセン州にあるディーツヘルツタール市が姉妹都市協定を結んでいるからである。両市のつながりは、昭和四〇年代、旧石橋町（現・下野市）と同州のシュタインブリュッケン町の小学生の絵画や習字の作品交換をはじめたのがきっかけ。ドイツ語でシュタインは石、ブリュッケンは橋を意味しており、両町は同じ石橋という名前をもっていた。そして獨協医大名誉学長の石橋長英博士が、同じ名前をもつ者同士という縁から、両町の橋渡し役となり交流がはじまったのである。

両町の交流が深まると、一九七五（昭和五〇）年には姉妹都市を締結する。ヘッセン州

石橋駅西口にあるからくり時計。毎日8時、12時、17時になると動きだす仕掛けになっている。

がグリム兄弟の出身地であることから、石橋町は「世界におけるグリムの里づくり」をテーマにしたまちづくりをはじめ、下古山にグリムの森をつくり、その一角にグリム兄弟やその物語の世界観を紹介するためのグリムの館を建てた。グリムの館は、ドイツのレンチンゲン村庁舎と木組みの民家を合わせてつくった建物で格調ある外観をしている。

それに合わせて一九九六（平成四）年、駅前にメルヘンチックなからくり時計を設置し、グリムの里の玄関口にふさわしい雰囲気をつくり出したのである。

現在、市内のいたる所にメルヘンチックなロケーションがあることが人気を呼び、コスプレイヤーたちが撮影のために訪れるようになった。

市町村合併後も続いている交流

石橋町は合併によって二〇〇六（平成一八）年に下野市になり、日本とドイツを結びつけた「石橋」の名前が消えたが、それでもグリムの里づくりは続けられている。

毎年秋になると、音楽や食事などを楽しめるイベント「グリムの森フェスティバル」が開催される。また冬になると、ボランティアスタッフによってグリムの森はイルミネーションで装飾される。このイルミネーションはネット上でも話題に上がり、多くのインスタグラマーが訪れている。

また市町村合併があったものの姉妹都市関係も続いており、旧シュタインブリュッケン町（ディーツヘルツタール市）の関係者が来日すると、グリムの館で歓迎パーティなどを開く。そのほか、両都市の間でホームステイを受け入れるなどしており、二〇一七（平成二九）年の夏にも中学生を一週間ほど交換派遣して友好を深めている。

一方、ドイツのディーツヘルツタール市側にも、町の一角に日本風の庭園があり、両市の友好を物語る石橋のモニュメントが置かれている。日本とドイツ、同じ名前だったという偶然が結びつけた交流は、お互いの町おこしにも役立っている。

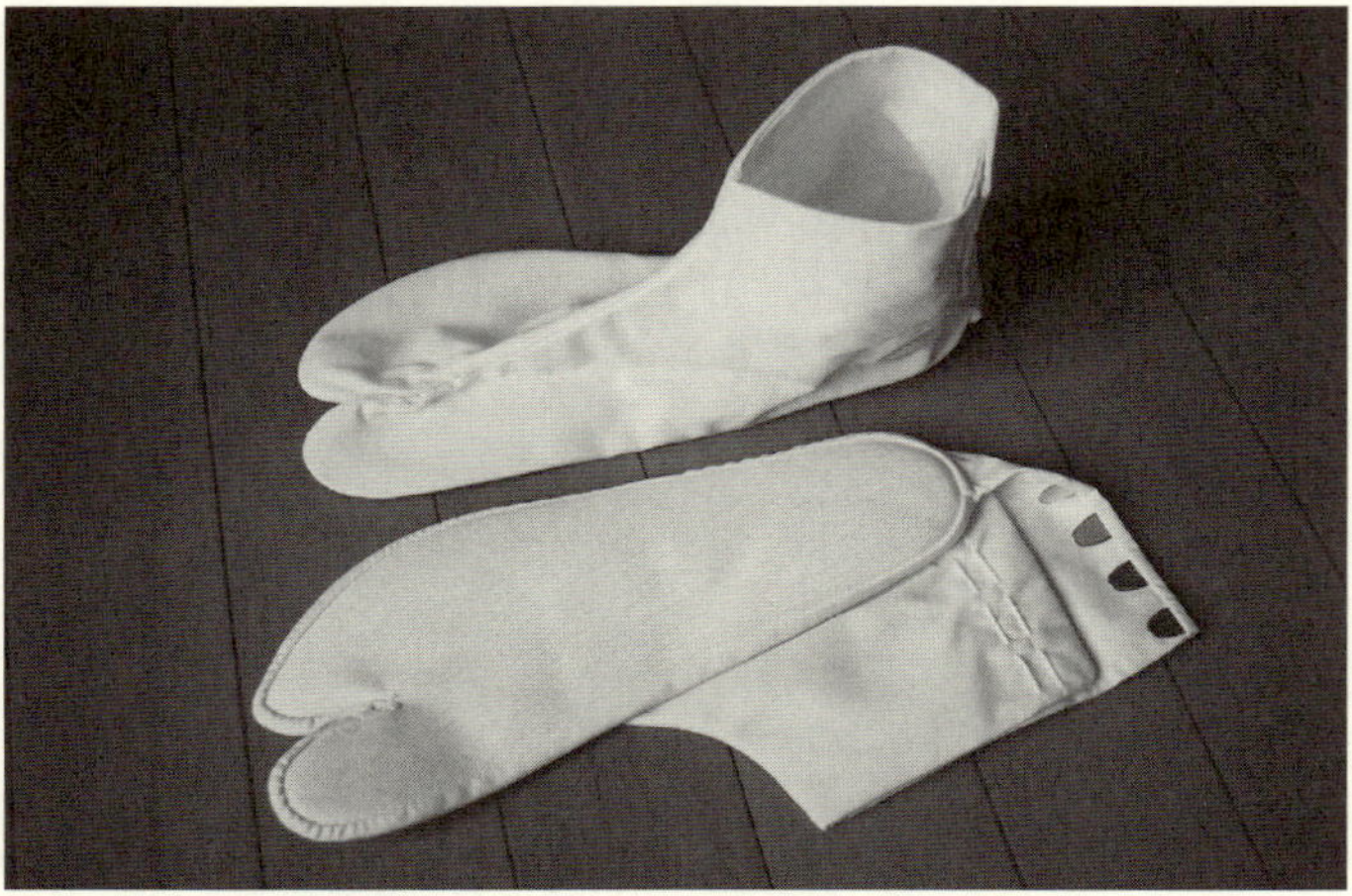

行田の伝統産業である足袋。無地の足袋のほか、柄足袋や洋装に合う足袋、ランニング足袋などさまざまな種類が開発されている。（93ページ）

鴻巣びっくりひな祭りの際に置かれる日本一高いピラミッドひな壇。全国から集められた約1800体ものひな人形が飾られる。（96ページ）

第四章

観光ガイドとはひと味違う！沿線隠れ名所案内

栗橋でしか見られない巨大魚たちの乱舞

宇都宮線
栗橋
くりはし
Kurihashi

夏を目前に控えた六月〜七月頃、栗橋《くりはし》駅にある光景を目当てに多くの人々が降り立つ。栗橋駅の東口を出て利根川へと向かうと、あまりの迫力に息をのみ、言葉を失う光景に出会える。

それは、巨大魚の群れによるジャンプである。驚きの光景の主役は、ハクレンという体長は一メートルにもなる魚。ハクレンは、中国原産のコイの仲間で、水面からジャンプする習性がある。水族館のイルカのように一個体がジャンプを見せてくれるというのではなく、数十匹がいっせいに連続ジャンプをはじめるのだ。水しぶきを上げながら巨大魚の群れが飛び跳ねるその迫力たるや、ショーと呼ぶのにふさわしい。

なぜこの時期にジャンプをするのか、その理由ははっきりしていない。とても臆病な気質であるため、たまたま何かにぶつかったことに驚いて一匹が跳ねると、それにつられて周囲の個体も跳ねるという説があるほか、産卵と関連しており、産卵の数日前に起きるという説もある。さらに一日のジャンプの回数もまちまちで、一日に一回のみのこともあれ

栗橋で見られるハクレンのジャンプの瞬間。群れが一斉に飛び跳ねる光景は圧巻の一言。（提供：小林一郎／久喜市観光協会）

ば数回することもある。気象条件によって変わるのではないかともいわれているが、いずれにしても詳しいことは解明されていない。

なぜハクレンは初夏の栗橋に集まるのか？

ハクレンは、太平洋戦争中の一九四三（昭和一八）年頃、食糧として中国から輸入され、全国各地の川に放流された。しかし現在、天然繁殖のために集まってくるのは利根川水系だけだといわれている。

ふだんは利根川下流の霞ヶ《かすみが》浦《うら》や北浦《きたうら》に生息しているが、産卵期になると、利根川を一〇〇キロメートルもさかのぼってくる。その産卵場所として目的地となるのが、栗橋付近なのである。利根川と渡良瀬川《わたらせがわ》の合流付近から、下流にかけての約三キロメートルのエリアがおもな産卵場所になっている。

では、なぜわざわざ栗橋までやってくるのか。

それはハクレンの生態が関係している。ハクレンの卵は、水流があるところでなくては孵化することができない。生息地の霞ヶ浦や北浦は、流れが穏やかなため、孵化の条件に合わない。そこで、生息地から川をさかのぼってくるというわけだ。

産卵に適した環境についてもう少し詳しく述べると、水温が二〇度前後で、毎秒五〇〇～一〇〇〇立方メートル程度の流量、卵をカモフラージュするための濁りがある環境がベストだ。それらの条件を満たしているのが栗橋付近である。もともとはさらに上流の深谷《ふかや》や羽生《はにゅう》も産卵場所だったが、行田《ぎょうだ》に利根大堰《とねおおぜき》（一二〇ページ参照）ができたことで遡上することができなくなり、現在では栗橋付近のみとなった。

栗橋で産み落とされた卵は、水の流れに乗って利根川を下っていく。そして産卵から約二日後に孵化する頃には、流れが緩やかな下流域に達する。そして孵化した稚魚は、生息地である霞ヶ浦や北浦へ遡上していく。ハクレンが栗橋に集まってくるのは、生態的な意味があったのである。

那須塩原駅前にある二メートルの大鍋をホントに使う日

宇都宮線

那須塩原
なすしおばら
Nasushiobara

那《な》須《す》塩原《しおばら》駅を出て西口の駅前広場に降り立つと、台座に据えられた巨大な鍋が目に入る。胴部に「黒磯巻狩鍋《くろいそまきがりなべ》」と書かれたその大鍋は、直径が二・二メートルもあるので、とても家庭で使えるサイズには思えない。ただのモニュメントだと思う人がほとんどだろう。

ところが、この大鍋は年に一度、実際に煮炊きに使われる。毎年一〇月の第四週に催される那須野巻狩まつりの日である。この祭りは、那須で源頼朝が狩りを行なった史実にちなんだイベントである。

鎌倉幕府を開いた頼朝は、一一九三（建久四）年に那須野が原で巻き狩りを行なった。巻き狩りとは、勢子《せこ》たちがシカやイノシシなどを追い込み、武将たちがそれらの獲物を射る大規模な狩りのことである。

鎌倉時代、那須野が原には草木が繁るばかりの原野が広がっていた。野生動物が作物を荒らし、農民たちはその害に苦しんでいた。そのため領主の那須氏が、狩りによって農民の害を救ってほしいと頼朝に訴え出たところ、頼朝がその願いを聞き入れ、御家人とその従者たちを引き連れてやってきた。もちろん地元の豪族たちも一族郎党を率いて参集したため、広大な那須野が原もこの日は一〇万人もの勢子で埋まったという。そして巻き狩りは成功し、頼朝は猟果に満足して、「那須野に優る狩座《かりざ》はなし」と激賞したと伝わる。

この巻き狩りにちなみ、およそ八〇〇年後の一九九四（平成六）年から行なわれるようになったのが巻狩まつりである。二日間だけの開催だが、会場である那珂川《なかがわ》運動公園に約七万人もの人が来場し、地域が誇る大イベントとなっている。巻狩踊りや巻狩太鼓が披露されるほか、巻狩ショー、乗馬コーナー、物産・企業フェア、フリーマーケットなどさまざまな催し物がある。

一〇種類も楽しめる大鍋料理

この巻狩まつりの主役となるのが、冒頭の大鍋で煮込んだ「巻狩鍋」である。頼朝は巻き狩りのあとに武士や勢子たちへ獲物を惜しみなく振る舞ったとされている。その食事を現代風にアレンジしたのがこの巻狩鍋だ。一〇種類の鍋があり、どれでも一杯二〇〇円で食べることができる。

巻狩鍋には、直径一・八メートルの武将鍋や直径一・二メートルの勢子鍋など、大鍋が用意される。それらのなかでも最大なのが駅前に置かれている大将鍋。約二五〇〇杯分つくることができるこの最大の鍋は、重さ約四二〇キログラムにもなる。祭り当日になると、駅前の台座から外して会場まで運ばれるが、この光景も一つの見どころになっている。

そして当日の昼頃、会場に一〇個の大鍋が到着すると、肉などの具材が次々に投入されていく。大将鍋では豚肉と野菜がおもな具材だが、ほかの鍋では、キジ、カモ、シカ、すいとんなどバラエティ豊かだ。ほかにもキノコをベースにした「勢子まかない鍋」や、イノシシと地鶏をふんだんに入れた「巻狩鍋」などもあり、飽きないラインナップである。

那須塩原駅前に置かれている巻狩鍋。巻狩まつりの際に最大の「大将鍋」として使われる。

山々に囲まれて海と接していない那須塩原市だが、サンマなどの魚介類を使った浜鍋が出されているのも興味深い。材料は茨城県ひたちなか市から提供を受けているもの。那須塩原市とひたちなか市は、那珂川の上流と下流という立地関係から、姉妹都市である。そこで産業交流の一環として、那須塩原市は毎年、新鮮な海の食材を提供してもらっているのだ。

そして祭りが終わると、役目を終えた大将鍋はまた那須塩原駅西口の広場に運ばれ、翌年の出番を待つのである。

神社なのに参道に鳥居がない調神社の謎

高崎線 宇都宮線

浦和
うらわ
Urawa

浦和《うらわ》駅前の西口交差点から南へ五分ほど歩くと調《つき》神社がある。この名前から、〝ツキ〟を呼ぶ神社として親しまれている埼玉県内屈指の古社だ。一六六八（寛文八）年に書かれた『調宮縁起』によれば、崇神《すじん》天皇の勅創であり、一〇世紀に成立した『延喜式』にも登場する。

この調神社は非常にユニークであることで知られている。

まず、境内に入るとき、足を止めて目の前を注目してほしい。神社ならば必ずといっていいほど入り口に置かれているはずの鳥居がないのだ。理由は、この神社は古来、伊勢神宮へ納める貢物を集める場所だったからで、その貢物を搬入・搬出するときに鳥居が邪魔だったために取り払ったというのだ。以来、調神社には鳥居が存在していないのである。

さらに参道の両脇に立つ狛犬も、一風変わっている。調神社では犬ではなく、ウサギの姿をしているのだ。手水《ちょうず》舎《しゃ》で霊水を注いでいるのもウサギである。調神社の「ツキ」を「月」とかけて、ウサギを神の使としているからだという。

調神社の参道入り口。両側には狛犬ならぬ“狛うさぎ”が鎮座し、手前には鳥居が置かれていない。

境内へと足を運び、木々を見渡すとさらに不思議なものがある。神社といえば松の木が植えてあるのが一般的だが、ここには松の木が一本もなく、ケヤキばかりとなっている。松の木がないのは、ある伝説が由来だ。調神社の祭神の一柱である須佐之男命《すさのおのみこと》が大宮へ出かけたとき、なかなか戻らなかったため、姉神の月読命《つくよみのみこと》が、「もう待つ（マツ）のはいやじゃ」と言ったからで、そのため松（マツ）が植えられていないのだという。

ほかにも、境内にはハエや蚊がいないという言い伝えもある。それは調神社の祭神が嫌うからだといわれている。真偽のほどは自身の目で確かめるとして、見所の多いユニークな神社であることは確かである。

荒川に架かる長さ日本一の〝橋〟は、なぜか人は渡れない

高崎線

吹上

ふきあげ

Fukiage

吹上《ふきあげ》駅の南口から、鴻巣市のコミュニティバスで五分ほど揺られ、大芦下《おおあししも》バス停からさらに数分歩くと荒川の河川敷の際までたどり着く。すると全長一一〇一メートルもの長大な橋が見える。アーチをいくつも並べた形をしていて、日本水道新聞社が主催・選定した「近代水道百選」にも選ばれた名橋だ。

ところがこの橋を渡ろうにも、橋へ踏み入ることはできない。両端の部分が空中で途切れており、そこまで階段がついているが、その階段の周囲には柵が巡らせてあり、立ち入りができないように厳重にガードされている。

立入禁止の理由は、この橋の「荒川水管橋《すいかんきょう》」という名前からわかるだろう。水管、つまり水道管を渡すための橋である。人が通るためのものではなく、行田浄水場の水を荒川対岸の埼玉県西部地域へ送るのがこの橋の役目。一九八四（昭和五九）年に完成したこの橋には、直径一・二メートルの管が通されており、毎時二三八〇立方メートルの水が運ばれている。一一〇一メートルという長さは、水管橋としては国内最長である。

普段は立入禁止となっているが、じつは一年のうち、ある限られた日にちだけ、荒川水管橋を渡ることができる。年二回開催される見学会の日だ。こちらの岸から対岸までの全長一一〇一メートルを渡りきるコースと、橋の途中で折り返して出発点まで戻ってくるコースがある。見学会が行なわれるのは、五月中旬の「こうのす花まつり」と一〇月下旬の「コスモスフェスティバル」のとき。どちらも、河川敷に咲くポピーやコスモスなどの花々を鑑賞するイベントで、それに合わせて見学会を開催している。二〇一七（平成二九）年五月の見学会では土日の二日間で八七〇人、二〇一八（平成三〇）年五月は一日のみの開催だったが、九四五人の人が参加した。

荒川に架かる“日本一の水管橋”。普段は立入禁止だが、毎年二度催されるイベント日のみ渡ることができる。

水管橋なので、一人がやっと通れるほどの細い場所を歩いていく。下には荒川が流れており、橋から見渡す花畑は、地上からの眺めとは一味も二味も違う。

北鴻巣を流れる一本の水路が、一三〇〇万人の生活を支えている

高崎線

北鴻巣
きたこうのす
Kita-Kōnosu

鴻巣《こうのす》駅を出た下り列車は、北鴻巣《きたこうのす》駅の手前で長さ二〇メートルほどの小さな鉄橋を渡る。この橋がまたいでいるのは、行田市から鴻巣市にかけて流れている武蔵水路《むさしすいろ》だ。

わずか一四・五キロメートルほどの武蔵水路は、じつは多くの人々の命を支えている。

高度経済成長期、東京は深刻な水不足に見舞われた。急激な人口増加や産業の多様化によって大量の水需要が生まれていたが、従来の給水設備ではそれをまかなうことができず、都民が生活用水にさえ事欠く事態となっていた。井戸水が枯れたときには給水車が繰り出し、ポリバケツを持った人々がそこに長い列をつくって並ぶこともあった。しかも人口増加はさらに続く見通しで、水不足に陥った首都は「東京砂漠」と揶揄されるほどだった。

この状況を打開するために建設されたのが、武蔵水路である。銚子《ちょうし》に向けて流れる利根川に利根大堰を設け、そこから取水した水を武蔵水路によって荒川へ引き、東京側へ流し込む。一九六四（昭和三九）年に工事が始まり、その翌年には早くも通水が行なわれた。水門が開いて水が流れ下ると、その場にいた関係者は感激のあまり何度も万歳を唱えたと

いう。毎秒五〇立方メートルの送水が可能になり、都民は水不足から救われたのである。

この武蔵水路の開削により、利根川・荒川水系で東京都の水道水の八〇パーセントがまかなえることになった。現在も東京都民と埼玉県民の一部を合わせて一三〇〇万人の生活を支えている、まさに〝命を救う〟施設である。

都民にとっては重要な施設だが、突貫工事でつくられたゆえ、完成後四〇年ほどで老朽化が問題になってきた。劣化による亀裂が生じていたほか、地盤沈下の影響で河道が歪んだこともあり、そこかしこから漏水して、送水量が当初の七五パーセントまで落ちた。加

北鴻巣駅を流れる武蔵水路

北鴻巣駅の東側には、利根川の水を荒川へ運ぶための武蔵水路が流れている。一部の東京都民と埼玉県民の一部を合わせて1300万人分の水を運ぶ生命線である。

えて、周辺地域の都市化も進み、排水能力の強化も必要だ。そこで二〇一〇（平成二二）年度から二〇一六（平成二八）年度にかけて、全面的な改修工事が行なわれた。

清流を保ったままのリニューアル大工事

武蔵水路は、都民の命綱。工事中だからといって通水を止めることはできないうえ、水質を悪化させることもできない。計画は慎重に進められ、水路全体に及ぶ工事は水需要が減る一二月から五月の間に行なわれることとなった。

また、水路の上をまたぐ高崎《たかさき》線の運行に支障をきたさないよう、交差部の前後一〇〇メートル区間の工事はJR東日本に委託された。JRは橋台を動かさず、水路を地下に潜らせるサイホン式を採用し、土木学会で技術賞を受賞している。

この改修工事によって武蔵水路は通水機能を向上させて大規模地震を想定した耐震性をも強化し、さらなるパワーアップを果たしたのである。

武蔵水路を流れる水は、地元である行田市や鴻巣市には導水されていない。一見すると周辺地域には何の利益ももたらさないように見えるが、じつは地元に多大な貢献をしている。周辺の水を取り込む機能があるため、大雨が降っても浸水被害を防止しているのだ。都民だけでなく、地元への貢献も大きい施設というわけだ。

熊谷にしか生息していない超貴重生物 その名はムサシトミヨ

高崎線

熊谷
くまがや
Kumagaya

埼玉県内には、元荒川《もとあらかわ》という川が流れている。熊谷《くまがや》市から桶川《おけがわ》市、蓮田《はすだ》市にかけて蛇行しながら高崎線沿いに流れる一級河川だ。かつてはこの川が荒川の本流だったが、一六二九（寛永六年）、伊奈忠次《いなただつぐ》（一八〇ページ参照）の息子である伊奈忠治《ただはる》が荒川の付け替え普請を行ない、いまの形になった。

この元荒川の源流が熊谷市の久下《くげ》である。熊谷駅の南口前の交差点から東へ約一キロメートル進んだところだ。じつはこの久下に、世界でここだけしか生息していないとても珍しい生物がいる。それは「ムサシトミヨ」という魚。環境省および埼玉県のレッドリストのなかでも、絶滅の可能性が高いとされる絶滅危惧ＩＡ類に認定されている。

ムサシトミヨは、三～六センチメートルほどのトゲウオ科の淡水魚。背びれや腹びれにトゲがあるのが特徴だ。オスが鳥の巣のような球状の巣をつくり、そこへメスを誘って産卵させるという独特の生態をもつ。メスが産卵すると、オスは卵が順調に孵化するように、快適な環境を保つために巣を修理したり、巣へ新鮮な水を送ったり、ときには巣から落ちた卵を再び巣へ戻してやったりするイクメンぶりを発揮する。万一、外敵が巣に近づこうものなら、背と腹のトゲを立てて威嚇して追い払う。まるで本当に鳥のような生態をもった非常に珍しい魚である。

熊谷だけで守られたムサシトミヨ

それにしても、なぜムサシトミヨは熊谷市久下にだけ生息しているのか。

じつは、もともとムサシトミヨはそれほど珍しい魚ではなかった。東京都や千葉県、埼玉県、茨城県の一部で広く生息していた。きれいな湧き水がなければ生きられない魚で、かつては首都圏でもきれいな水があったのだ。しかし昭和三〇年代になると、湧き水の減少や水質の悪化が進み、ムサシトミヨは激減した。

それでも久下だけに生息することができたのは、二つの理由がある。一つは、ここには埼玉県水産試験場熊谷支場（現在は閉鎖）があったこと。ここでは大量の地下水を汲み上げて利用したあと、水を元荒川へ放出していたのである。これにより、ムサシトミヨが好むきれいで冷たい水が供給され続けたというわけだ。

二つ目の理由は、熊谷の人々にある。一九八七（昭和六二）年に「熊谷市ムサシトミヨをまもる会」が発足し、川の清掃やパトロールなどの保護活動を続けてきた。その甲斐あ

世界で元荒川の上流部分にしか存在しないムサシトミヨ。巣をつくり、オスが子育てをする小鳥のような生態をしている。（提供：埼玉県）

って、付近の環境が守られたのである。

それでも二〇一一（平成二三）年には約二万二六〇〇匹と推定されていたムサシトミヨが、二〇一六（平成二八）年には、元荒川の生息域全体でわずか二三〇〇匹になってしまった。専門家によると、外敵が増加したことが原因らしい。そのため県や地元団体でつくる保全推進協議会が外敵の駆除作業に力を入れ、二〇一八（平成三〇）年の調査時には、生息域のうち県指定天然記念物区域だけで二〇〇〇〜四四〇〇匹が生息していると推定された。

この世界的に珍しいムサシトミヨは、久下にある熊谷市ムサシトミヨ保護センターのほか、さいたま水族館や埼玉県環境科学国際センターで見ることができる。

森のなかに突如現われる「ダイナマイトの碑」は何を語る？

高崎線

倉賀野

くらがの

Kuragano

高崎線の終点・高崎駅の一つ手前に倉賀野《くらがの》駅がある。この駅から市内循環バスの一五系統で一〇分ほど走ると、群馬県立公園の一つである「群馬の森」に到着する。明治一〇〇年記念事業として一九七四（昭和四九）年に開設され、大芝生広場や並木道、池、花木園のほか、歴史博物館、美術館などが建ち並ぶ文化と憩いの都市公園である。

ところが園内東側に、群馬の森の雰囲気には何とも似つかわしくない「ダイナマイト碑」という石碑が建つ。突如現われる物騒な言葉に戸惑う人がいるかもしれないが、じつはこの公園はかつての軍事施設の跡地。いまの穏やかなようすからは想像できないが、かつて「旧東京第二陸軍造兵廠《ぞうへいしょう》岩鼻《いわはな》製造所」が置かれ、火薬製造が行なわれていたのである。

ダイナマイト碑には、「我が国ダイナマイト発祥の地」と刻まれている。どのような経緯で発祥地になったのか、高崎一帯が歩んだ歴史を振り返ってみよう。

高崎は、明治以降は軍都として発展してきた。明治初期、中山道《なかせんどう》や三国《みくに》街道が交差する交通の要衝として重視され、一八七三（明治六）年に第三歩兵大隊の兵営が置かれたのが、

群馬の森にあるダイナマイトの碑。表面には「我が国ダイナマイト発祥の地」と大きく刻まれている。

軍都への道を歩み始めたきっかけとなった。

一八八二（明治一五）年には、岩鼻に我が国二番目の陸軍火薬製造所となる東京砲兵工廠火薬製造所が設けられた。火薬製造所は、もともとは東京の板橋にあったが、増産のために必要になった。東京近郊に位置し、水の動力を得られる烏川《からすがわ》に近く、船便も利用できる点がこの地が選ばれた理由である。

国内のダイナマイト生産拠点

この火薬製造所ではもっぱら黒色火薬がつくられていたが、日露戦争でノーベル社製のダイナマイトを使って旅順《りょじゅん》の要塞爆破に成功すると一変する。ダイナマイトの威力に着目した陸軍が国産ダイナマイトの製造に乗り出したのだ。そして一九〇五（明治三八）年に火薬製造所内に新たにダイナマイト工場を建設。工学博士の石藤豊太《いしどうとよた》を所長に迎え、ダイナマイトの製造をはじめた。このとき、岩鼻で日本で初めて国産のダイナマイト製造が行なわれたのである。当時は、日本最高峰の火薬製造の技術が集められた場所だった。以降、従来の黒色火薬や軍用火薬、民間の産業火薬などに加えて、ダイナマイトも製造された。約三二万坪の広大な地に三九五六人の人が働いていたという。

戦後は民間の日本化薬（一九四五年まで日本火薬製造会社）に払い下げられたが、一九七〇（昭和四五）年に火薬製造設備が山口県に集約されたため、岩鼻における火薬製造は終焉を迎えた。

製造所の跡地には現在、日本化薬の工場に加え、高崎量子応用研究所（旧日本原子力研究所）などがあり、両社に挟まれる形で群馬の森が広がっている。日本化薬や研究所の敷地内に製造所時代の建造物が残されているほか、群馬の森にも遺構がある。開園時に火薬製造所時代の建物の多くが解体されたが、爆発事故に備えて火薬工室を囲んでいた土塁や、明治期から使用していた縦軸水車と炭化器が残されている。

いまは多くの人がのんびり過ごす憩いの場だが、一世紀ほど前は科学の最先端の技術が集結した場所だったのである。

野木にあるUFOのような形をした謎の施設はナニ？

宇都宮線

野木

のぎ

Nogi

野木《のぎ》駅から車で約一〇分、渡良瀬遊水地近くに、まるでUFOのような不思議な形をした建物がある。上から見ると正一六角形をしており、その中央からは三四メートルもの煙突が高くそびえ立っている。

このUFOのような建物は、明治期のレンガ窯《がま》で、「旧下野《しもつけ》煉化《れんが》製造会社煉瓦窯《れんががま》（通称：野木町煉瓦窯）」という建物である。日本の近代化を支えた歴史に残る遺産として、国の重要文化財に指定されている。

明治の日本では近代化政策のもと、官公庁や工場、駅舎、ホテルなどの西洋式建物が次々と建てられた。その建築資材として、大量のレンガが常に求められていた。

そこで一八九〇（明治二三）年、地元の下野煉化製造会社は、レンガの原料となる良質な粘土と川砂を採取できるこの場所にレンガ窯をつくることにした。また近くに渡良瀬川があるという立地も、水運を使って重いレンガを運搬するのに便利だった。構内には、運河が引き込まれており、ここから直接出荷できた。

UFOのようなカタチをしているのは、ドイツ人技師・ホフマンの設計による。ホフマンは、大量のレンガをつくるために、製造工程ごとに窯の中で区画を設けることにした。乾燥・予熱する区画、焼成する区画、冷却する区画、搬出する区画などによりレンガ窯は一六室に区切られた。焼成する区画の隣の区画では、焼成の予熱を使ってレンガを乾かすなど、エネルギー効率にも気を配っていた。ホフマンの名前からとった「ホフマン窯《がま》」と呼ばれるこの方式は、当時としては最先端の技術であった。

一区画には約一万四〇〇〇個のレンガが入り、全区画で約二二万個のレンガをつくることができた。焼成温度は約一〇〇〇度にも達し、窯に入れられたレンガは、二三日間で内部の全区画を一周し、屋外で七日間の乾燥を経て完成品となった。

一九五一（昭和二六）年までは、全国にこうしたホフマン窯が五〇基残っていたとされるが、現存するのは四基しかない。それらのうちの一つは、日本煉瓦製造の引き込み線（五九ページ参照）の終点・上敷免《じょうしきめん》村にあった日本煉瓦製造のホフマン輪窯《わがま》六号窯である。

どんなところに野木町レンガは使われたのか？

野木町煉瓦窯でつくられたレンガはどのような建物に使われたのか。出荷記録によると、茨城県古河《こが》市、栃木県結城《ゆうき》市など、近隣へ供給されたとしている。供給先と考えられる施設は、足尾銅山や歩兵第六六連隊庖厨《ほうちゅう》棟（現・宇都宮中央女子高校多目的ホール）、東武佐野線渡良瀬川橋梁、真岡《もおか》鐵道五行川《ごぎょうがわ》橋梁などである。一九四七（昭和二二）年のカスリーン台風により、帳簿が流出したために資料として残っていないが、レンガの表面に残されている刻印を見れば、下野煉化産かどうかわかる。

栃木県を代表する近代化遺産としてますます注目を浴びる野木町煉瓦窯。二〇一一（平成二三）年の東日本大震災でも倒壊しなかったため、「何があっても壊れない」ということで〝恋人の聖地〟にも認定されている。野木町煉瓦窯の内部は現在公開されており、見学料は一〇〇円（中学生以下は無料）。月曜日と年末年始は休館。また、月曜が祝日の場合、祝日は開館、翌日休館になる。

明治期につくられたホフマン窯を当時の姿のままで残す野木町煉瓦窯。100円の入場料を支払えば内部を見学できる。

小金井の公園に置かれた古〜い車両は、特別な車両だった！

宇都宮線

小金井
こがねい
Koganei

小金井《こがねい》駅の西側に進むと、旧日酸《にっさん》工場の跡地を利用した日酸公園がある。園内には滑り台、ジャングルジムといった子供たちが楽しめる遊具のほか、自然豊かで、春はサクラの木が美しく咲き誇り、絶好の花見場所としてにぎわう市民憩いの都市公園だ。

その一画に、赤い色をした鉄道車両がぽつんと一両だけ置かれている。懐かしの車両を展示しているのかと思いきや、よく見るとかなり珍しい車両である。客車でも貨物用車両でもない、救援車と呼ばれる特殊車両だ。

その役目は脱輪や衝突といった事故や故障など、線路でトラブルが起きた列車のために、修理や救出作業に必要なクレーン機材や道具などを運ぶことにある。いわば現場から動けない列車を救うお助け車両だ。

正式には「救援制御電動自動車クモエ二一〇〇一号」という名前のこの車両は、全長一七メートル、幅二・八メートル。普通の客車と異なり、機材を搬入出しやすい側面の大型扉が特徴だ。

ただ、はじめから救援車として製造されたものではない。一九二六（昭和二）年に製造されたときには国電を代表する車両「クモハ一一形」だった。京浜東北線などいくつもの路線を走り、多くの客を運んでいたが、一九六七（昭和四二）年に引退すると、改造されて救援車となった。高崎鉄道管理局の小山《おやま》電車区へと配置され、列車のトラブルがあると、機材などを載せて現場まで走る役目を担ったのである。

こうして国鉄民営化の直前まで約二〇年以上にわたって、数々の列車のトラブルを救ってきたが、一九八六（昭和六一）年には救援車としても引退し、解体されることになった。しかしこれを残したいと考えた地元のＳＬ保存会などが国分寺町（現・下野市国分寺）を動かし、町がＪＲと交渉して静態保存することが決まったのである。

日酸公園内にある救援車。設置当初は中に入ることができたが、ホームレスに住み着かれたり、若者のたまり場になったりしたため、現在では施錠されている。（提供：小金井市）

日酸公園にある看板では「けがをした列車を助けた列車」と紹介されている。当初は内部に入ることができたが、いまは外観のみ見学可能。それでも懐かしい国電車両、しかも珍しい救援車を間近で見られるとあってわざわざ見学をしに来る人もいるという。

武蔵水路と荒川の合流地点。左から流れてきた荒川に対し、行田市、鴻巣市域を抜けてきた武蔵水路が右側から流れ込む。（120ページ）

栃木県真岡市東郷にある真岡鐵道の五行川橋梁。橋脚に下野煉化産のレンガが使われている。（131ページ）

第五章

ロマンを求めて途中下車
沿線歴史スポット散策

秩父事件の鎮圧に一役買った高崎線

高崎線

一八八四（明治一七）年、埼玉県の秩父において、日本近代史上最大といわれる農民反乱が起きた。秩父の農民たちが組織した困民党《こんみんとう》が、高利貸しに借金の返済期限の延長や諸雑税の廃止などを求めて武装蜂起した〝秩父事件〟である。数千人が参加する大規模な反乱だった。

傾斜地の多い秩父は稲作には向かず、その代わりに養蚕が盛んな地域だった。しかし、政府の金融引き締め政策によって生糸価格が大暴落したため、農民は重税に苦しみ、多くの負債を抱えて破産する者が続出した。

農民たちは困民党を結成すると、自由党急進派の指導のもとに税の軽減や負債問題の解決を求めて、高利貸しや役場、裁判所、警察署などに対して交渉を繰り返した。しかし請願はすべて却下。そして、一一月一日、下吉田村（現・秩父市吉田）の椋《むく》神社に刀や銃で武装した数千人が集合すると、各地の高利貸しや役場などを襲撃したのである。

当初政府は、これを暴徒の集まりとして警察の力で鎮圧しようとした。ところが困民党はただ武装していただけではなく、大隊・小隊といった軍隊組織をとり、「五カ条の軍律」を定めるなど組織だった行動をとったため予想以上に手ごわく、結果として秩父中心部の大宮郷《おおみやごう》を占拠してしまう。

しかし結局、蜂起からわずか四日後には鎮圧された。ここには日本鉄道第一区線（現・JR高崎《たかさき》線）の存在があったといっても過言ではない。

事件発生の前年に開通していた高崎線

高崎線は、日本鉄道会社の第一区線として、秩父事件が起きる前年の一八八三（明治一六）年に上野《うえの》～熊谷《くまがや》間を開業していた。

政府は、反乱鎮圧のために憲兵隊の派遣を決定。その際、高崎線を使って大量の兵や装備を送ることにした。迅速に、しかも大量の人と物を運ぶには鉄道がもっとも適している。

鎮圧のため憲兵隊の第一小隊が、三日の午前一時四〇分に上野駅から高崎線に乗り込んだ。途中の浦和《うらわ》駅で埼玉県令の吉田清英をピックアップし、午前四時には熊谷駅に到着した。この夜行列車はもちろん、政府の要請によって運行された臨時列車である。熊谷駅で降りた第一小隊は、そのまま寄居《よりい》方面へ進んでいった。続いて、第二小隊が午後に高崎線に乗り、上尾《あげお》駅と熊谷駅からそれぞれ出撃した。上尾駅から進んだ部隊は川越方面を回り、熊谷駅の部隊はそのまま寄居へ向かった。

だがこの二小隊の力では、困民党にかなわなかった。そこで政府は東京鎮台歩兵第三連隊の派遣を決定する。第三連隊は、翌四日の正午に上野駅を出発して、うち大隊本部と三個中隊が深谷《ふかや》駅、残りの一個中隊が本庄《ほんじょう》駅でそれぞれ下車して出撃。秩父盆地を囲む戦法をとった。

この第三連隊の到着により、一一月四日の児玉《こだま》郡（現・児玉町）の戦いで困民党の戦力の過半数が失われ、反乱は事実上鎮圧された。その後も一部の困民党員が体勢の立て直しを図ったが、素早い追加派兵によって完全に壊滅したのである。この日の戦闘による農民側の死者は三十数名、鎮圧側は五名、逮捕者は五〇〇名以上に及んだ。

鎮圧成功の最大要因は、政府が高崎線を使って、兵員や武器、弾薬などを短時間で輸送したことである。もしも高崎線がなかったら、東京から送り込んだ部隊の到着は遅く、武器や弾薬も大量には運べずに長期戦となったはずである。

この秩父事件を受け、政府や軍部のなかでは、鉄道による軍事輸送は有効であるという認識が深まった。高崎線は、その後の鉄道による軍事輸送に大きな影響を与えた路線といえるだろう。

周りに海もないのに宇都宮線沿いには貝塚が……

宇都宮線

蓮田
はすだ
Hasuda

宇都宮《うつのみや》線が蓮田《はすだ》駅を出発してすぐ右側に、樹木で覆われた一角が目に入る。これは二〇〇五（平成一七）年に国指定史跡となった縄文時代の遺跡・黒浜《くろはま》貝塚だ。市役所に隣接するこの遺跡は、北側の椿山《つばきやま》、南側の宿浦《しゅくうら》の集落跡を合わせて四万七四二六平方メートルに及ぶ巨大なもの。宿浦の集落からは、貝殻や魚の骨、カニの足などが出土する貝塚が発見されている。

ここに貝塚があるということは、近くで魚や貝が採取できたはずである。スズキやボラ、マイワシ、タイ類、エイ類などの骨が出土していることから、海が近かったことがわかる。だがこの黒浜貝塚のある場所は、海のない埼玉県のど真ん中。なぜこの場所に貝塚があるのだろうか。

埼玉に海をもたらした縄文海進

縄文時代、埼玉県の位置には海があった。黒浜貝塚が営まれた縄文前期は、ウルム氷期が終わり、気候の温暖化がピークに達した時代である。気温の上昇によって極氷河が溶け、現在よりも海面が二～四メートルも上昇していた。そのため陸地となっていた場所にも海水が入り込み、深い入り江が発達していた。これは「縄文海進《じょうもんかいしん》」と呼ばれる。

黒浜貝塚がつくられた約六〇〇〇年前は、この縄文海進がピークに達した時期。海は東京湾から入り込んで、利根川などの河川沿いに上がった。そして最終的には、利根川と渡《わた》良瀬川《らせがわ》が流れ込む奥東京湾《おくとうきょうわん》と、荒川と入間川《いるまがわ》が流れ込む古入間湾《こいるまわん》が形成されたのである。

結果、奥東京湾が現在の蓮田市域にまで入り込んだ。

湾沿いには、入り江にいる豊富な魚介類を目当てに縄文人が住みつくようになる。当時の黒浜貝塚は、海がすぐ目の前に広がるだけでなく、いまと同じように周囲に豊かな緑の斜面があったと考えられている。さらに飲み水に使える湧水もあり、集落を営むには適した地だったようだ。

縄文人たちの暮らし

ここに集落を築いた縄文人は、海や浜辺に出て貝や魚を採って生活していた。貝塚からは貝殻や前述した魚の骨のほかにも、イルカの骨やシカ、イノシシの骨、クルミなども出土しており、当時の食生活をいまに伝えている。なかでも興味深いのは、甲殻類のノコギ

縄文海進期（約6000年前）の関東平野

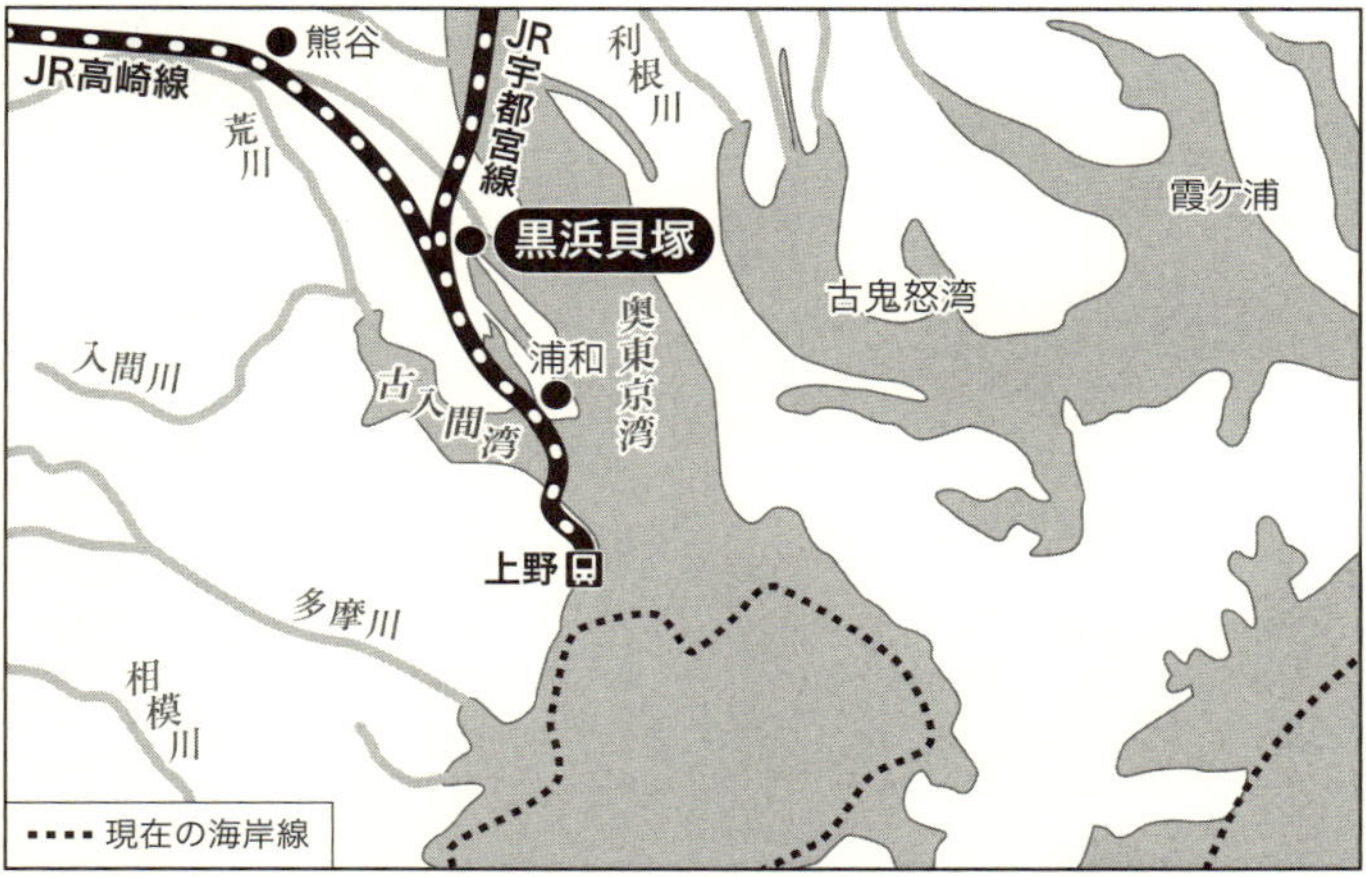

縄文海進が進んだ約6000年前の海岸線。現在の東京湾の北側は深い湾になっており、その縁の入り江に黒浜貝塚があった。

リガザミや貝のヤマトシジミが出土していることである。それらは海水と淡水が混ざり合う汽水域に生息する生物。つまり当時の黒浜貝塚周辺は、川や湧水がちょうど海に注ぐ、入り江の奥にあたる場所だったことが想像できる。

　このようにかつて埼玉県にも海が存在し、そこに住む縄文人たちが豊かな海の幸を享受していた時代があった。そして縄文前期も後半になると、海が引いていつしか現在の埼玉県域から海が失われた。

　現在、貝塚のある史跡公園には、入り江であった道をたどる小路が整備されているほか、ハンノキやクルミなどの植樹や水辺の復元など、縄文人の暮らしをイメージしやすい工夫が凝らされている。

古代史を覆した発見！飛山城址で見つかった「烽家」とは？

宇都宮線

宇都宮
うつのみや
Utsunomiya

宇都宮駅の西口ターミナルから道場宿経由のバスに乗って二〇〜三〇分ほど走ると、飛山城址《とびやまじょうし》に到着する。鬼怒川の段丘上に築かれた平山城で、東と南は二重の堀、西と北は鬼怒川に囲まれ要害だ。現在は飛山城史跡公園として整備されている。

一三世紀頃に建てられた中世の城郭だが、旧石器時代の遺構もあり、古くから人々の生活に関わる場所だった。この城跡で近年、古代の日本の常識を覆す発見があり、世間の注目を集めた。

それは一九九五（平成七）年に発見された土器片である。古代の竪穴式建物から出土したもので、「烽家」と墨で書かれていた。烽家《とぶひや》とは、狼煙《のろし》を上げる施設のことである。出土した当初は一文字目が判然としなかったが、その後の調査で「烽」と判明すると、世間を驚かせる事態となった。なぜなら従来、古代における狼煙は西日本にしか存在しないと考えられていたからだ。

狼煙は、山の上などで火を焚いて遠くの仲間に合図を送るもので、敵の来襲などをいち早く知らせる役割を果たした。いわば昔の緊急信号の手段である。

　この狼煙が日本で初めて本格的に使われたのは、六六三年に起きた白村江《はくそんこう》の戦いの直後からとされる。朝鮮半島で唐と新羅《しらぎ》の連合軍に大敗した日本は、唐の大軍が日本に攻め寄せてくるのではないかと警戒し、敵が来襲すると想定される北九州や中国地方などを中心に西日本の各地に防御施設である山城や、狼煙を上げる「烽《とぶひ》」を築いた。文献上で確認できる烽も春日《かすが》烽（大和国）、高《たか》安《やす》烽（河内国）など都周辺か、豊後国、出雲国など西日本が中心である。

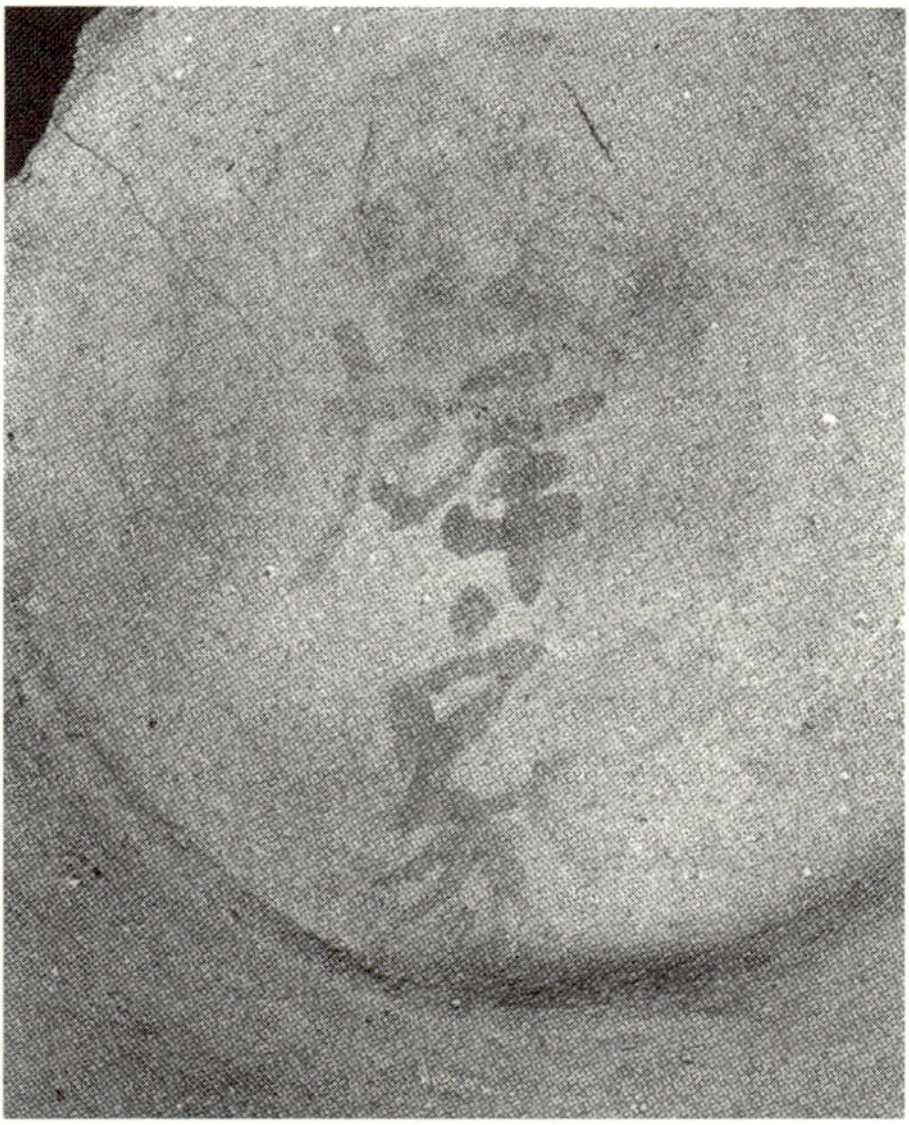
飛山で出土した「烽家」銘のある墨書土器。とびやま歴史体験館には、このレプリカが展示されている。（提供：宇都宮市教育委員会）

　こうした史実から、古代の狼煙は西日本にしか存在しなかったと考えられていたのだ。ところが、飛山での烽の発見により東日本にもあったことが判明し、全国に配置されていた可能性も高まったのである。

東日本に烽を設置した目的は?

東日本に烽を設置した目的は、大陸の敵を想定していた西日本と異なり、東北地方にいた蝦夷《えみし》に対する警戒用だったと考えられている。蝦夷は長らく大和朝廷に敵対していた集団だった。八世紀頃から朝廷に対する蝦夷の反乱が激しくなり、東北地方に接した下野国《しもつけ》にとっても脅威となり、蝦夷の来襲をいち早く知る必要に迫られていたに違いない。

こうした対蝦夷を考慮した事情から、九世紀初頭頃に東山道沿いに烽が設けられた。その場所の一つが飛山だったのである。

では、実際は狼煙でどのように連絡をとっていたのか。当時の狼煙は、生芝やワラ、ヨモギなどを燃やして上げていたが、霧が出ると遠くから見えなかった。そこで霧の日は、隣の烽まで走って伝達していたという。飛山の周囲で烽が置かれたとされる場所は、南西約一二キロメートルに位置する上神主《かみこうぬし》・茂原《もばらかんが》官衙遺跡や北東約二一キロメートルに位置する長者ヶ平《ちょうじゃがだいら》官衙遺跡だ。つまり飛山に常駐していた役人は、霧の日には少なくとも一二キロメートル以上は走らなければならなかったというわけだ。

飛山城址にあるとびやま歴史体験館では、中世をテーマにした展示のほか、この狼煙に関連した展示もあり、「烽家」と書かれた土器のレプリカを見ることができる。

自治医大駅の一帯には、東日本でもっとも大きなお寺があった!

宇都宮線
自治医大
じちいだい
Jichi Medical University

二〇〇六（平成一八）年に平成の大合併により生まれた栃木県下野市は、栃木県の旧国名である下野を冠しているように、古代からの長い歴史を誇り、東山道や日光街道に沿って栄えてきた場所である。昔から災害が少ない穏やかな土地だったため、重要建造物が多く建てられ、古代は東国の仏教文化の一大中心地として知られていた。

その証が現在の自治医大《じちいだい》駅の北側にある。いまは田畑や民家、安国寺があるのどかな一帯だが、ここにかつて東国一の寺院が存在していたという。

それは下野薬師寺という奈良時代の寺である。七世紀末、この地の有力豪族だった下毛《しもつけ》野《の》朝臣《あそん》古麻呂《こまろ》が創建した。この古麻呂は、天武天皇や持統天皇の信任も厚く、大宝律令の制定にも関わるなど中央政界でも活躍した人物。その権勢は寺の壮大さに現われている。

下野薬師寺は一塔三堂形式で、その寺域は東西約二五〇メートル、南北約三五〇メートル。回廊の規模が東西約一一〇メートル、南北約一〇二メートルにも及んでいた。

下野薬師寺がその名を全国に轟かせたのは規模だけではない。奈良時代に日本に三つしかない戒壇《かいだん》の一つに定められるほど地位が高かったからである。

戒壇とは、正式な僧になるための資格である戒律を与える場所のこと。奈良時代、朝廷は勝手に僧になって税金を逃れようとする者の増加に頭を悩ませており、唐から高僧鑑真《がんじん》を招聘するなどして、日本国内でも正式な僧侶になるための受戒の儀式ができるよう態勢を整えた。そしてこの戒律を与えることができる場所を日本に三か所設けた。それが奈良の東大寺、福岡の筑紫観世音寺、栃木の下野薬師寺だったのである。当時は日本三戒壇と呼ばれ、大変重要な寺として扱われた。

下野薬師寺が選ばれたのは、寺の由緒や中央の諸寺院に並ぶ規模を持つことに加え、下野国が蝦夷対策上の前進基地として重要視されていたことも無関係ではなかったといわれている。

こうして下野薬師寺は、関東地方以東を管轄する寺として東国一の寺格を持つ寺院になった。そして受戒を求める僧が集まり、東国一の仏教文化の町として隆盛を誇った。

下野薬師寺のその後といま

ところが平安時代に入ると天台宗など新たな仏教宗派が台頭し、独自に戒壇を設けるようになった。すると下野薬師寺の重要性は低下し、比例するかのように寺は衰退していっ

下野薬師寺にあった回廊を復元したもの。瓦葺き屋根の建物が境内を囲っていた。

た。

南北朝時代には足利尊氏《あしかがたかうじ》が全国に安国寺を建立した際、下野薬師寺が安国寺に改称され、その法灯が受け継がれた。しかし一五七〇（元亀元）年に北条氏と多賀谷氏の戦火に巻き込まれ、境内の建物の多くが失われた。

東国一の伽藍《がらん》を誇った下野薬師寺は、いまでは遺跡となって安国寺の地下に眠っている。約七万三〇〇〇平方メートルが史跡に指定され、発掘調査も行なわれてきた。近年、安国寺のそばに伽藍や回廊の一部が復元され、下野薬師寺の復元パネルや出土品を展示する歴史館もつくられるなど、その壮大な全貌が少しずつよみがえろうとしている。

上尾宿名物の鍾馗様置かれた場所にある法則とは？

高崎線

上尾
あげお
Ageo

高崎線の上尾駅を中心とする一帯には、中山道《なかせんどう》で五番目の宿場町・上尾宿があった。比較的小さな町だったが、日本橋から九里半の距離にあり、旅人が一泊目の宿として利用するにはちょうどいい場所だった。

宿場町の名残を探すも、一八四一（天保一二）年と一八六九（明治二）年に大火があり、本陣や旅籠も焼失していまは見られない。だが本陣に隣接する井上脇本陣跡の塀に、江戸時代の立派な鬼瓦が残っている。長さ一メートルはある大きな鬼瓦は、かつての屋敷の威容をいまに伝えている。

だがそれだけでなく、上尾には鬼瓦よりもっと迫力のある瓦が残っている。民家の屋根や商店の店先などにある鍾馗様《しょうきさま》である。中国・唐の時代を由来とする神様で、大きな眼と見事なヒゲを貯えた姿をしている。日本には、魔除けや火除けの神として伝わり、男の子が元気に丈夫に育つようにと五月人形に登場したことで親しまれるようになった。

その大陸由来の神様が建物の屋根にいるのは、前述の火事と関係している。

大火に悩まされた上尾宿では、災いを除けるために鬼瓦を屋根に上げるようになった。しかし、鬼瓦で守られている家はいいが、鬼瓦に睨まれて追い払われた鬼は、その家の向かい側の家に行って災いを起こすと信じられていた。そこで、鬼瓦が向かい側にある家では、鬼に対抗する神様を屋根に上げることにした。このとき選ばれたのが、鬼より強いとされた鍾馗様というわけである。

かつて上尾では、古い家には鍾馗様が多く見られたが、市街の開発によって減っていき現在ではわずか五か所のみである。そのうちの一つが、上尾駅東口の前を走る旧中山道（県道一六四号）沿いにある新井屋だ。看板の下に鍾馗様が鎮座していて、店のシンボルにもなっている。旧中山道の向かい側には病院が建っているが、かつてここが町家だった頃は鬼瓦があり、鍾馗様とにらみ合っていたという。

上尾駅から徒歩５分ほどの場所にある新井屋の屋根の上には、鍾馗様が置かれている。（提供：おしゃれ工房 新井屋）

背中にかすがいを打ち込まれたお地蔵様がいる！

高崎線

桶川
おけがわ
Okegawa

桶川《おけがわ》は、江戸時代には中山道で六番目の宿場町だった。中山道沿いにある桶川宿府川本陣跡は、埼玉県内に残る唯一の本陣建物で、一八六一（文久元）年に皇女和宮《かずのみや》一行が宿泊した宿。いまも和宮の寝室として使われた上段の間や湯殿が残っている。ほかにも、当時の姿のままの旅館や、国登録有形文化財の島村家住宅土蔵など、宿場町の面影を伝えるものが残っている。

　そのうちの一つに面白い地蔵がある。その地蔵があるのは、桶川駅から中山道に出て五〇〇メートルほど下った場所にある大雲寺《だいうんじ》。その境内に三基の地蔵が並んでいる。問題の地蔵は三基のうち、右側にある一七一三（正徳三）年一〇月建立のもので、人呼んで「女郎買い地蔵」。何とも変な名前だが、この地蔵はなんと、夜な夜な若者に化けて宿場の遊女（飯盛女）のもとへ通っていたというのである。

　伝承によると、その若者はどうにもなりふりがおかしく、違和感を覚えた客の一人が、「どこかでお見かけした顔だが、どちらから？」と尋ねたところ、「大雲寺のもので」と答えたという。

しかし、大雲寺の住職は第一高僧の誉れの高い人物であったので、遊女を買いに来るはずがない。またそもそも顔が違った。そのうちに、大雲寺のお地蔵さんが境内を抜け出す姿を見たという話が出回ったり、どことなく大雲寺の地蔵に顔が似ているという噂が立ったりするようになった。

大雲寺にある３体の地蔵のうち、正面から一番右にある１体が女郎買い地蔵。背中にはかすがいが深々と刺さっている。（提供：WEBサイト「2010 1日中、山道。」）

大雲寺の住職は噂を聞いて大激怒。二度と遊女のもとに通うことがないようにと、地蔵の背中にかすがい（コの字型をした金属の留め具）を打ち込み、鎖で縛って動けなくしてしまう。これが女郎買い地蔵にまつわる伝承である。

現在、女郎買い地蔵は鎖では縛られているわけではないが、背中に打ち込まれたかすがいはそのまま残っている。悔い改めたお地蔵様は、いままでは動くことはなく、大雲寺の境内で静かに鎮座している。

パナマに先駆け一八〇年！江戸時代の浦和に最先端の運河があった

高崎線 宇都宮線

浦和《うらわ》
Urawa

パナマ運河といえば、中央アメリカの南部にあるパナマ地峡を横断し、太平洋とカリブ海を結ぶ約六四キロメートルの運河である。太平洋とカリブ海は水位が異なるため、途中に関（閘門《こうもん》）を設けて水位を調節しながら船を通している。この運河の建設は一六世紀から考えられていたが、技術不足や資金不足によって計画は何度も中止となって、一九三五年にようやく完成している。

この歴史的偉業ともいえるパナマ運河開通の約一八〇年も前、江戸時代の浦和で同じ閘門式運河がすでにつくられていた。その運河が、さいたま市緑区にある見沼通船堀《みぬまつうせんぼり》である。

一七三一（享保一六）年に開通した見沼通船堀は、見沼新田の中央を流れる芝川《しばかわ》と、その両側を流れる見沼代用水の東縁《ひがしべり》・西縁《にしべり》の三本の流れを結ぶ、総延長わずか約一〇四〇メートルの運河である。江戸時代に、世界に先駆けた技術を駆使した運河があったとは驚きである。

水位差を埋める水上エレベーター

見沼通船堀は、大規模かつ緻密な計画のもとに築かれた。当時の幕府は、利根川から見沼代用水を引き、現在の上尾市の南端あたりで東縁と西縁に分流させて、その間に見沼新田を開発した。年貢増収のための新田開発である。

収穫された年貢米を運ぶには、水運に勝るものはない。芝川は、やがて荒川に流入して江戸湾に出るので、見沼代用水と芝川を結べば、村々と江戸の交通が一気に便利になる。こうした事情から、見沼通船堀がつくられることとなった。

二本の見沼代用水の水位は芝川より三メートルも高かったが、途中それぞれ二か所の堰を設け、水位を調整しながら船が上下できるようにした。まず、船が芝川から「一の関」に入ると、「一の関」を塞いで代用水から水を入れて水位を上げる。船がそこから「二の関」に入ると、今度は「二の関」を塞いで水位を上げ、船が見沼代用水に入るという、二段階で水位を上げる仕組みである。

見沼通船堀が開通したことにより、見沼でとれた米や野菜、果物などの農産物や、薪炭、木材が江戸に運ばれ、江戸からは砂糖や塩、酒、肥料や日用雑貨が運ばれた。通船堀は明治時代になってからも東京に物資を運ぶため盛んに使われ、見沼通船会社が設立されてのちには株式会社になるほどだった。

世界中から知られる遺跡に

昭和初期にはその役割を終え、およそ二〇〇年間利用された見沼通船堀も歴史のなかに埋もれかけたが、近年になってその優れた技術が注目を浴び、近世の貴重な土木遺産として国の指定史跡となった。

史跡のなかには、水難防止にご利益があるとして信仰を集めた水《すい》神社や、通船差配役として通船堀の管理・経営にあたった鈴木家住宅も含まれている。庭に米蔵や納屋が建ち並び、中庭のすぐ裏が通船堀となっている鈴木家住宅の重厚さを見ると、当時の繁栄ぶりがしのばれる。

見沼通船堀の存在は、二〇〇六（平成一八）年にメキシコで開かれた世界水フォーラムで皇太子殿下によって紹介され、広く世界に知られることとなった。現在の通船堀沿いは公園として整備され、花や樹木が水面に映える美しい遊歩道となっている。東縁の一の関と二の関、西縁の二の関は復元されており、夏には閘門の開閉実演が行なわれて多くの見学者を集めている（二〇一八年は工事中のため中止）。

見沼通船堀の仕組み

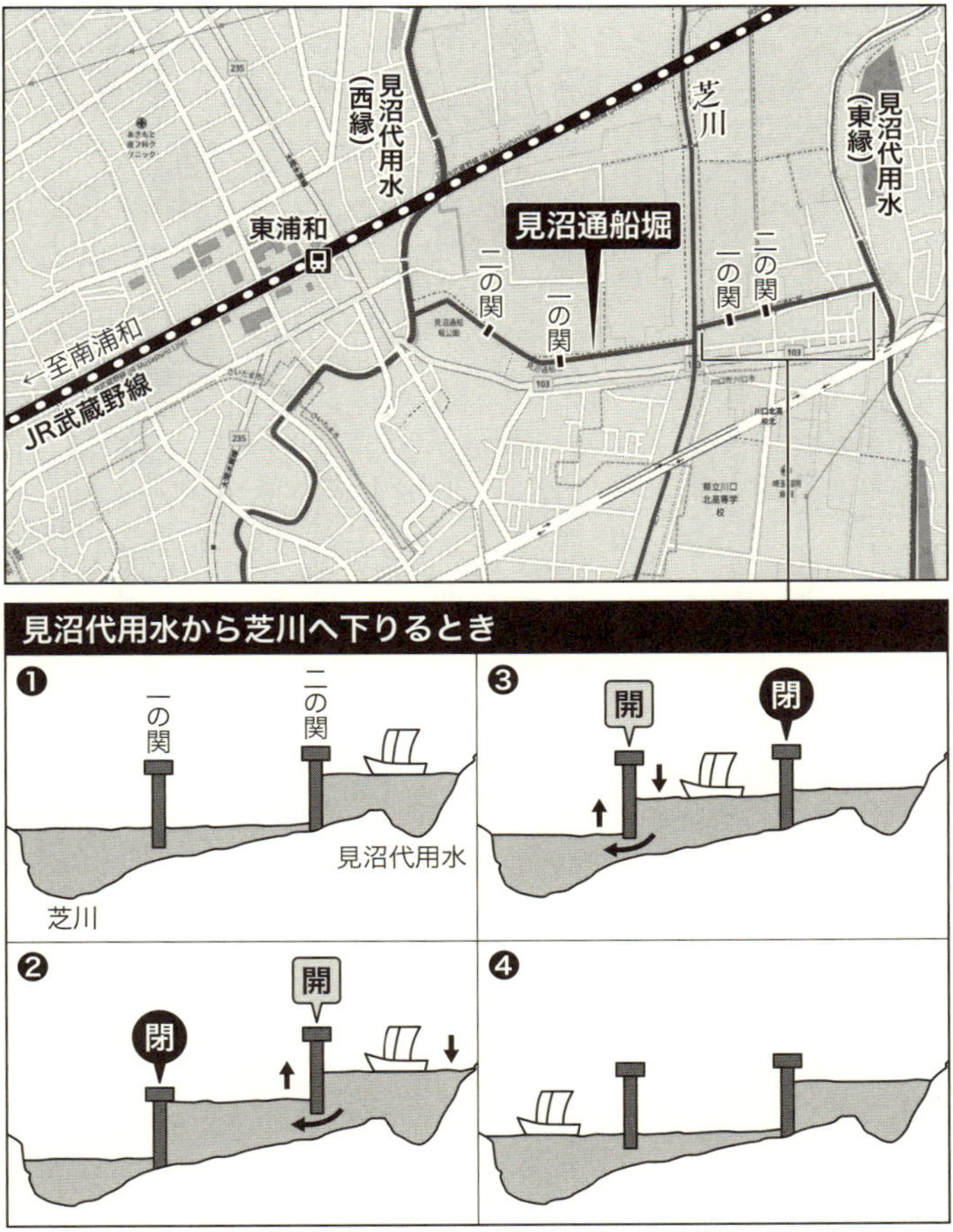

二本の見沼代用水と芝川を結ぶ見沼通船堀は、複数の関を間に設けることで、水位の異なる区間への通船を可能にした。

常光寺の仏像に開いた穴は、幕末の戦争の傷跡！

宇都宮線

小山
おやま
Oyama

小山《おやま》駅は、宇都宮線のほかに茨城県方面へ延びる水戸線と、群馬県方面へ延びる両毛線が乗り入れる鉄道交通の要衝だ。また東北新幹線の停車駅でもある。

この小山駅の西口を降り、バスターミナル沿いに南へ向かって歩くと、百貨店や飲食店などが入る商業ビル・ロブレ小山がある。この前に延びる道をさらに南へ進んだ左側に、鎌倉時代に創建された常光寺《じょうこうじ》の山門がある。

この常光寺には、一体の有名な阿弥陀如来像がある。蓮華座の上に座った座像だが、その台座の後部に目立つ傷がある。傷は青銅の台座を貫通して穴が空いている。台座とはいえ仏像にこれほどの傷がつくとは、よほど強い力が加わったに違いない。

この傷がつけられたのは、幕末の一八六八（慶応四）年四月のことである。江戸城を接収した新政府軍と旧幕府軍が北関東各地で戦った、いわゆる戊辰戦争のときだ。

北関東の要である日光、宇都宮を占領すべく北上した旧幕府軍を率いたのは、幕府の歩兵奉行だった大鳥圭介《おおとりけいすけ》で、新選組の土方歳三《ひじかたとしぞう》も参謀として加わっていた。そして旧幕府軍と、宇都宮から南下してそれを阻止しようとする新政府軍が、この小山で激突した。日光街道の宿場町であった小山はいまも昔も交通の要衝。ここを押さえることはその後の戦いの趨勢を大きく左右したのである。

激しい銃撃戦による流れ弾が当たる

両軍は小山宿のなかで激しい銃撃戦となった。新政府軍が宿場で待ち構えているところに大鳥率いる旧幕府軍が、隊を三つに分けつつ攻め入った。本体が正面から攻めている間に、別動隊に宿駅の西側と東側から回り込ませて新政府軍を背後から攻める戦法である。結果、新政府軍は破れ、多くの死傷者を出しつつ退却した。

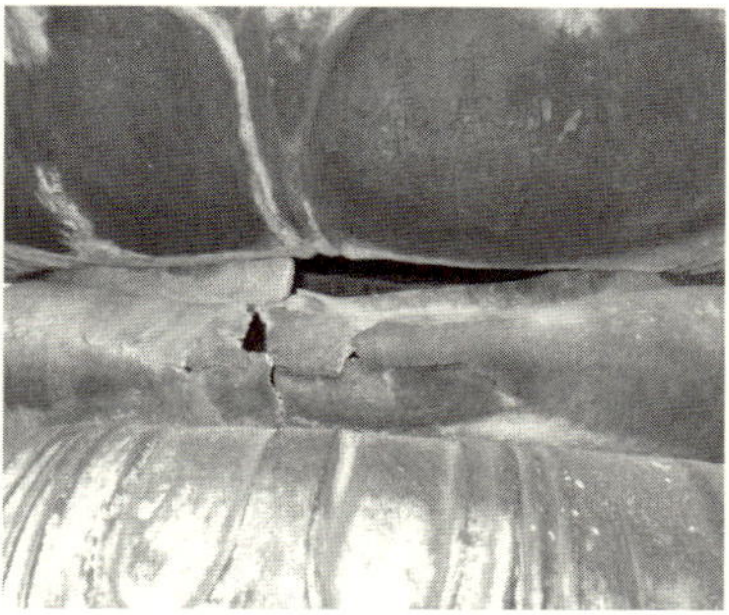

小山駅横、常光寺にある阿弥陀如来像の台座。戊辰戦争時につけられた流れ弾の跡が残る。（提供：WEBサイト「幕末維新 史跡観光」http://meiji-ishin.com）

小山宿の本陣や脇本陣は、戦いの中心地であったため、多くの銃弾を浴びた。本陣から一〇〇メートル余りしか離れていない常光寺にも流れ弾が飛んできた。そして一発の銃弾が阿弥陀如来像の台座に直撃したのである。弾痕はこの戦いの記憶を後世まで留めるため、あえて修復せずにそのままにしている。

高崎線がなければ熊谷名物のサクラは存在しなかった!?

高崎線
熊谷
くまがや
Kumagaya

埼玉県の熊谷といえば、今やすっかり猛暑の街として有名だが、名物は夏の暑さだけではない。熊谷は埼玉県を代表するサクラの名所なのだ。

熊谷駅の南口から五分ほど歩くと、荒川の堤防に出る。この堤防沿いには約二キロメートルにわたってソメイヨシノ約五〇〇本が植えられており、春になると見事なサクラのトンネルとなる。「熊谷桜堤《さくらつつみ》」と呼ばれるこの桜並木は、その美しさから一九九〇（平成二）年には「さくら名勝一〇〇選」に選定されている。

現在の熊谷桜堤は、一九五二（昭和二七）年に行なわれた荒川の河川改修で築かれた堤に、熊谷市の市制二〇周年事業として植樹されたものだ。

熊谷のサクラの歴史は非常に古く、一五七四（天正二）年に、寄居町の荒川右岸にあった鉢形城《はちがたじょう》の城主・北条氏邦《ほうじょううじくに》が、荒川の氾濫に備えて全長四キロメートルほどの堤を築いた際、堤に山桜を植えたのが始まりだといわれている。

その後、一八五九（安政六）年に起きた大洪水で、サクラは堤もろとも流されてしまったが、忍《おし》藩主の松平忠国《まつだいらただくに》が植樹して復活。中山道の宿場町があった江戸時代には、熊谷桜堤の名は江戸にも知られるようになっていた。

しかし、熊谷の桜堤は、明治時代に入りまたもや危機を迎えた。急激な時代の変化によって桜堤は誰からも顧みられることがなくなり、花を折られたり枝を切られたりした。堤はゴミであふれ、見るも無残な状態となってしまったのだ。

この惨状を嘆き、桜堤の復興を図ったのが、熊谷町の有力者である竹井澹如《たけいたんじょ》、林有章《はやしありあきら》、高木弥太郎《たかぎやたろう》らだった。一八八三（明治一六）年六月に日本鉄道によって上野～熊谷間の鉄道が開通することになっていたが、鉄道が近くを通る場所にある堤がゴミだらけなのでは、あまりに見苦しく、なんとか桜堤を復興させたいと考えたのである。

日本鉄道の好意で無料配送

この復興事業は難航した。一八八三年三月に四五〇本のサクラを東京の染井《そめい》（現在の巣鴨・駒込周辺）にあった毛利侯別邸から購入することはできたが、熊谷に運ぶ手段がなかったのだ。当初の計画では川口《かわぐち》まで大八車に乗せて搬出し、その後は船で荒川をさかのぼることにしていたが、染井から荒川に至る道が想像以上の悪路で、想定以上に日数を費やし、運賃も予定の三倍以上もかかったという。

なんとか川口までは運びきったが、川口から熊谷まで川をさかのぼることを考えると、その先もかなりの日数がかかることが予想された。そうなると、熊谷に着く前にサクラが枯れてしまう。このときの心情を、のちに林有章は著書『熊谷史話』のなかで、「一時は桜を川口に遺棄して帰ろうかと思った位だった」と述べている。

そんな万事休すのときに手を差し伸べたのが日本鉄道だった。なんとか急いで熊谷にサクラを運びたいと考えた一行は、開通を前にして工事用のレールが熊谷まで敷かれていることに目をつけた。そこで、鉄道局に出頭して事情を訴え、なんとか協力してもらえないかと懇願したところ、五両の建設用の無蓋貨車にサクラを満載し、さらに無料で運搬してくれることになったのである。

こうして日本鉄道の厚意により、サクラは無事に熊谷に運ばれ、堤防に植えられた。その美しさは関東一円に広まり、熊谷はサクラの名所として知られ、シーズンになると臨時列車も走り、県外からも多くの観光客が訪れるようになった。

こうして人気を博した熊谷の桜並木は、一九二五（大正一四）年の熊谷の大火以降にまた衰退したものの、一九五二年に再度復活。市制二〇周年記念事業として荒川沿岸の新熊谷堤に植樹されたのである。ほとんどは新しく植樹されたものだが、明治期に高崎線で運んだサクラの一部は、万平《まんぺい》公園のなかに残っている。

第六章

「なるほど」が止まらない！駅名・地名の不思議

県庁所在地が「埼玉」ではなく「さいたま」になったワケ

高崎線 宇都宮線

浦和
うらわ
Urawa

高崎線

行田
ぎょうだ
Gyōda

日本全国には福島県いわき市、熊本県えびの市など平仮名の自治体名はいくつも見られるが、県庁所在地で平仮名を用いているのは、埼玉県さいたま市だけである。さいたま市は二〇〇一（平成一三）年、かつての県庁所在地の浦和《うらわ》と大宮《おおみや》、与野《よの》の三市が合併して誕生した自治体である。その後は二〇〇五（平成一七）年に岩槻《いわつき》市も合併し、政令指定都市として関東の中核都市として発展を続けている。

新市として発足するとき、その名前を平仮名にしたのは、親しみをもってもらいたいといった積極的な理由で選択したわけではない。あるクレームが入り、平仮名にせざるを得なかった経緯がある。

市名を公募したところ、一位は七一一七票で「埼玉市」、二位は約三八二一票で「さいたま市」となり、圧倒的な差で「埼玉市」案が支持されていた。県名と市名が同じならば、そこが県庁所在地であることは一目瞭然である。当然、埼玉市に決まりかけていたのだが、ここでなぜか行田《ぎょうだ》市からクレームが入ったのである。

「埼玉」の由来となった埼玉古墳群。右奥が将軍山古墳で、左側に鉄剣が出土した稲荷山古墳がある。

行田市の「さきたま（埼玉・前玉）」が由来

さいたま市とは関係のない行田市が、埼玉市案にクレームを入れたのには理由がある。

じつは行田市こそ、県名でもある埼玉のルーツ「さきたま（埼玉）」発祥の地なのだ。行田市には、前方後円墳や円墳が数多く築造された埼玉《さきたま》古墳群がある。その一つには雄略《ゆうりゃく》天皇由来の鉄剣が出土したことで知られる稲荷山古墳があり、古代から重要な場所だった。

この近くには古墳の被葬者を祀った「前《さき》玉《たま》神社」がある。この前玉こそが、埼玉という地名のルーツであるともいわれている。

「さきたま」の由来は、古墳群のあるこの地を「幸魂《さきたま》」と考えたこと、つまり人に幸福を与える神様の霊魂がこもった地という意味であると考えられている。

「さきたま」という地名は、佐吉多万《さきたま》（『万葉集』）や左伊太末《さいたま》（『和名抄』）などさまざまな漢字で表わされた。やがてその「さきたま」が郡名へと格上げされ、埼玉郡ができた。江戸時代のこの一帯の地名は、埼玉郡埼玉村である。ただし読み方は異なり、郡名を「さいたま」、村名を「さきたま」と読み分けたようだ。

こうして郡名になった埼玉という名前が、今度は一八七一（明治四）年の廃藩置県によって県名へと格上げされる。このとき、忍《おし》県、岩槻県、浦和県の三つを統合して埼玉県が誕生した。現在のさいたま市域を含む浦和県は旧足立郡、忍県と岩槻県は旧埼玉郡に所属していた。この三つを統合するにあたり、面積でいえば旧埼玉郡が広かったため、県名に採用されて埼玉県になった（旧入間《いるま》県と合併して現在の県域になるのは五年後）。

埼玉県が誕生したとき、県庁所在地としては旧埼玉郡の中心にあたる岩槻が考えられたが、結局、交通の便などを考えて浦和に置かれた。この時点で、旧埼玉郡の名を冠した埼玉県を名乗りながら、旧埼玉郡とは関わりのない旧足立郡の浦和に県庁が置かれるという矛盾が生じたのである。

県庁所在地の矛盾はあっても、発祥の行田市も同じ埼玉県内であったため、とくに県名

行田が属した埼玉郡と浦和がある足立郡

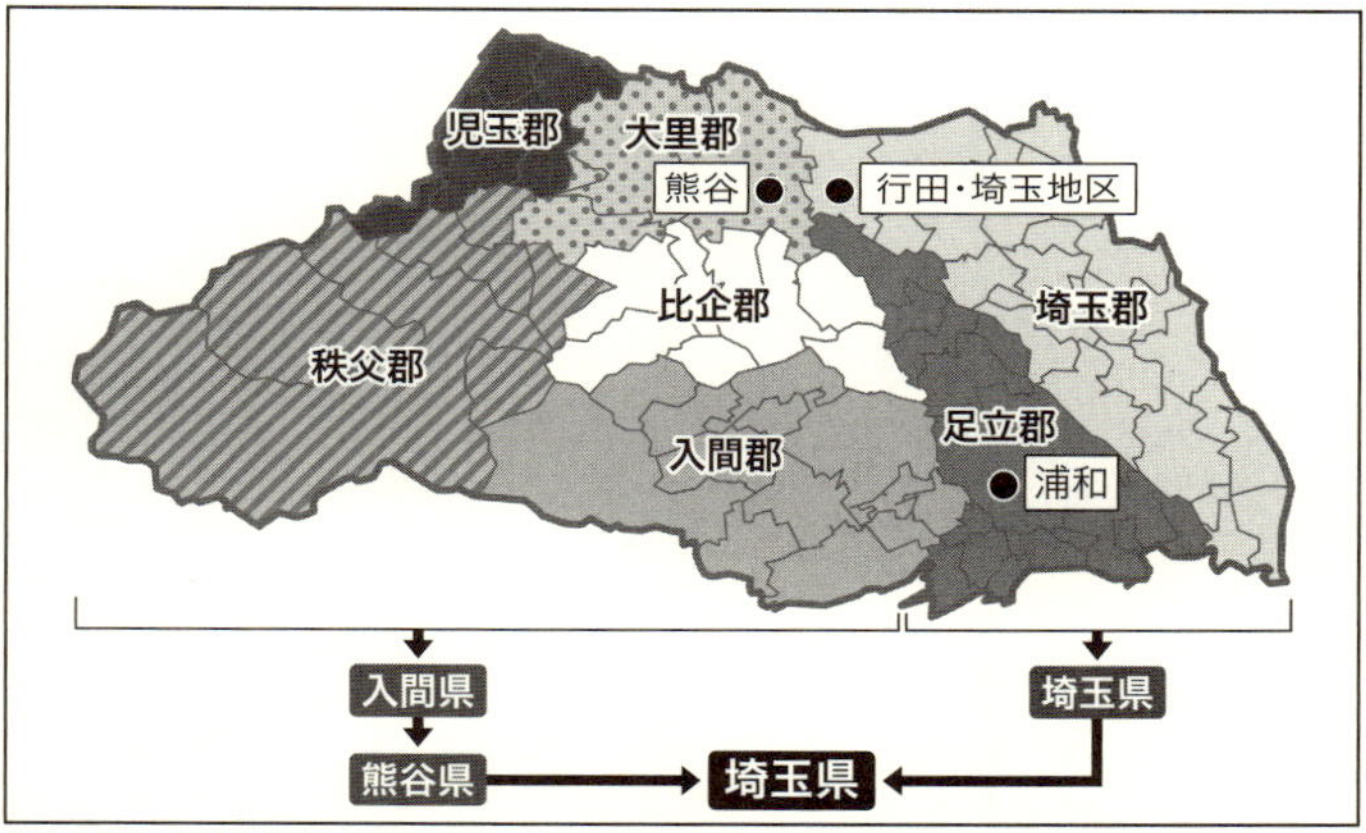

「埼玉」の由来が、旧埼玉郡の北側にあった行田の埼玉地区であるのに対し、浦和は旧足立郡に属し、埼玉郡とは関係がない。そこで浦和を含む地域が「埼玉市」になろうとしたとき、地名発祥地の行田市から待ったがかかった。

に文句をつける人はいなかった。しかし、新市誕生で大宮や浦和の一帯だけが「埼玉市」を名乗るのは、埼玉のルーツである行田市としては納得がいかない。新市側でも、行田市にある地名を使うことに抵抗を覚える人もいたようだ。

結局、新市側は、漢字と平仮名は別ということで、埼玉市をボツにして二位の「さいたま市」を繰り上げて採用したのである。いっそのこと「埼玉」「さいたま」を避けて、三位に選ばれた市名にすれば良かったと考えるかもしれない。三位は三〇〇八票という二位との僅差で「大宮市」だった。これが採用されなかったのは、「大宮」を名乗りたくないという浦和や与野など他地区住民の声があったようだ。

「一宮」「鬱の宮」「遷の宮」……宇都宮の由来に諸説アリ！

宇都宮線

宇都宮
うつのみや
Utsunomiya

宇都宮《うつのみや》といえば、栃木県の県庁所在地であり、かつ人口五〇万人を超える北関東最大の都市である。餃子のまちだけでなく、カクテルのまち、ジャズのまちとしても話題を集める。

宇都宮は非常に古い歴史のある土地で、蝦夷《えみし》平定のためにこの地に足を踏み入れた豊城《とよき》入彦命《いりのみこと》が拓いたといわれている。これを祀っているのが二荒山《ふたあらやま》神社で、その門前町として栄えたのが町としてのはじまりだ。平安時代のはじめに編纂された『倭名類聚抄《わみょうるいじゅしょう》』に「池辺」という郷名で記載されていることから、かつては池辺と呼ばれていた。

その池辺がなぜ宇都宮と名を変えたのか。

それは、二荒山神社の社号「宇津（都）宮大明神」に由来するといわれている。鎌倉幕府の中枢にあった藤原宗円《ふじわらのそうえん》が、その二荒山神社の社号であった「宇都宮」を氏としたことから、地名として定着した。

では、なぜ二荒山神社の社号が「宇都宮」になったのか。一説によると、もとは「鬱《うつ》の宮」だったという。この場所には樹木が鬱蒼と茂っていたことから「鬱の宮」と呼ばれ、それが転じたという説だ。

ほかにも、二荒山神社が下野《しもつけ》国の一宮《いちのみや》だったことから、それが訛って「宇都宮」と呼ばれるようになったという説や、蝦夷討伐を祈願した神社だったことから「討つの宮」が転訛したという説。あるいは、神の功徳がはっきり現われる「現《うつし》の宮」説や日光二荒山《ふたらさん》神社を遷した「遷《うつし》の宮」説などさまざまだ。

飛び交う諸説のなかで『うつのみやの地名と歴史散歩』（塙静夫著）は、地形説を唱えている。二荒山という名前のうち、「フタ」は副詞フタフタから、激しく暴れるさまを表わし、「アラ」は動詞の「アラケル」（散る・削れる）の語幹であることから、二荒山は、崩落や崖崩れを起こす山を意味しているという。

宇都宮の「ウツ」も「落ちる・棄てる・切り取る」を意味するという。また「ミヤ」は神を祀る御屋《みや》を表わしている。つまり宇都宮も、二荒山神社と同じく、「崩壊や崖崩れを起こす山の上の神社」を表わしているというわけだ。確かに、県内には斜面地に「宇津野《うつの》」とつけられることが多い。

二荒山神社を境内の下から見上げたところ。
急な階段が必要な崖地にあることがわかる。

地名が「おぐ」なのに駅名が「おく」この違いはなぜ生じた？

高崎線 宇都宮線

尾久
おく
Oku

上野《うえの》駅を出た高崎《たかさき》線・宇都宮線の列車は、西日暮里《にしにっぽり》駅付近まで京浜東北線と並走したのち、北側へカーブして尾久《おく》駅に到着する。南側には近年まで寝台特急「北斗星」や「カシオペア」などブルートレインの客車が所属していた「尾久車両センター」が広がり、鉄道マニア垂涎の駅として知られる。

この尾久駅は、駅名とは違って、北区昭和町に位置している。尾久《おぐ》地区は本来、駅から明治通りを渡った先にある、荒川区の住所だ。しかも荒川区側の地名は「おぐ」と読むにもかかわらず、駅名は「おく」であるからややこしい。

駅のアナウンスも「おく」であり、駅前の公衆トイレの外観も、現代アート風に「ＯＫＵ」の形をしている。ここ尾久駅の名前が「おぐ」ではなく、「おく」であることをしっかりアピールしている。

「おぐ」と「おく」、どちらの読み方が正しいのか。地名をさかのぼると、もともとは「おぐ」という読み方だったことがわかる。尾久は鎌倉時代から見られる古い地名で、「小

尾久駅前の広場に設置されている公衆便所。アルファベットの「O・K・U」の文字を模した外観をしている。

具」「越具」などと表記されており、「具」の字を使っていたことから「おぐ」だったと考えられる。江戸時代になると尾久という漢字が定着し、上尾久村、下尾久村という村名になった。

もともと「おぐ」という地名であったのに対し、なぜ一九二九（昭和四）年に開業した駅名が「おく」なのだろうか。

これについては単なる勘違いという説がある。荒川区側で伝わっている逸話によると、尾久駅ができた際、「おぐ」と読む地名を、鉄道省の役人がこの地域の方言だと思い込み、「おく」にしたのだという。東北地方や北関東などで見られるような、濁音をつけて発音する方言と勘違いしたというわけだ。

尾久三業地の玄関口

本当に役人の勘違いなら案外単純な理由である。しかし一方の尾久駅がある北区側では、別の理由が伝えられている。

そもそもこの地に駅ができるよりも前の大正期、現在の尾久車両センターの場所に前身である貝塚《かいづか》操車場がつくられた。これは一帯の地名であった貝塚をとって名づけられている。そのため昭和に入り、操車場の近くに新駅ができる際、当初は駅名も操車場と同じ貝塚駅と名づける予定だった。それが尾久駅になったのにはどんな理由があったのか。

尾久が駅名になったのは、当時の荒川区尾久が花街として賑わっていたためである。一九一四（大正三）年、碩運寺《せきうんじ》で住職が井戸を掘ったところラジウム温泉が湧き出していることが判明し、境内に温泉を開業した。それ以降、周辺にはあとを追うように温泉旅館が並び始め、尾久一帯は温泉街として人気を博していく。芸妓屋、料理屋が建ち並び、大正末期には約三五〇軒もの商家が軒を連ねる花街になっていた。芸妓屋と料理屋、さらに調理施設をもたずに酒食を提供する「待合《まちあい》」を加えた三業《さんぎょう》というスタイルが特徴となり、「尾久三業地」として知られるようになった。

尾久のこの発展に鉄道省も目をつける。尾久三業地に向かう温泉客に鉄道を利用してもらおうと考えたのだ。そのため尾久の玄関口として駅名にその名を冠し、温泉客にアピールしたかったのである。

しかし面白くないのは、駅の周辺にいる北区側の住民である。いくら尾久から近い場所とはいえ、隣の町の地名を駅につけられるのは面白くない。地元住民は納得せず、尾久駅と称する代わりに、「おぐ」ではなく「おく」と読むことで妥協したという。

花街・尾久の衰退

駅名になったものの、花街・尾久の繁栄も長くは続かなかった。周辺に工場が次々に開業すると、地下水の汲み上げ量が急激に増え、肝心の温泉が枯れはじめた。

戦時中は近くに軍需工場があったことから接待所として賑わったものの、その後は右肩下がり。一九六〇（昭和三五）年には三〇〇人以上いた芸妓は、平成に入ると一五人程度に激減。現在は花街であった頃の面影はほとんどない。

花街が衰退して、尾久駅の役割は花街の玄関口ではなくなった。いまでは尾久三業地との関わりを知らず、尾久駅と称される理由を知る人も少ない。しかし、いまさら馴染んだ駅名を変えることも難しく、尾久駅を名乗りながらあくまでも「おく」と読んだかつての北区住民の思いだけが残っている。

「鴻巣」は古代の国府跡を示した地名だった!?

高崎線

鴻巣
こうのす
Kōnosu

高崎線に鴻巣《こうのす》駅があるが、鴻巣の由来は何だろうか。

漢字から鴻巣は、何か鳥にまつわる地名であると想像できるだろう。鴻とは「ひしくい」という鳥のこと。大きなカモのような水鳥で、頭から首にかけて羽が黒褐色なのが特徴だ。鴻巣駅にほど近い中山道沿いにある鴻神社には、鴻にまつわる地名伝説が伝わる。

――かつて、この地に天にも届くような立派な木が立っており、人々に樹神として崇められていた。ある日、鴻（白鳥とも伝わる）がこの枝の上に巣をつくっていたが、大蛇が現れて卵を呑みこもうとした。すると鴻が蛇をつつき落とす。鴻が害を除いて神木を守ったことから「鴻巣」と呼ばれ、地名になったという（林羅山著『文集』より）――

このように伝説では、蛇という害を除いた鴻を祀ったことが地名の由来としているが、あくまでこれは伝説。実際は、武蔵国の国府に由来する説が有力視されている。

国府とは、古代日本において地方を治めた国造《くにのみやつこ》や律令制で定められた国司《くにのつかさ》が政務を執っていた場所のことだ。全国的にも国府にちなんだ地名は多く、千葉県市川市の国府台《こうのだい》や山梨県の甲府などが知られている。現在の鴻巣市の場所にも、国府があったことから「国府の守《こうのす》(洲)」と名づけられ、それが鴻巣に転訛したとされている。

だがここで一つ疑問がある。武蔵国の国府は、現在の東京都府中市にあったというのが定説だ。それが鴻巣にあった根拠は何だろうか。

鴻巣には多数の古墳があり、金環、勾玉、鉄刀など豪華な副葬品も多く出土している。そのことから、古墳時代にはこの地に有力者が君臨していたと思われる。

さらに『日本書紀』には武蔵国(現在の東京都と埼玉県)を治めていた武蔵国造であった笠原直使主《かさはらのあたいのおみ》が、同族の小杵《おき》と国造の座を争ったことが記されているが、この笠原氏は、現在の鴻巣市の笠原周辺を支配していた豪族である。つまり鴻巣は、武蔵国造が住んでいた場所だったのだ。

朝廷から国造に任命された笠原直使主は、その居住地で政務を執っていたに違いない。たとえ正式に国府と決められていなくても、鴻巣市郷土研究会著『鴻巣史話』によれば、実質的にこの地が国府の役割を果たしていたことから、「国府の洲」と呼ばれたとしても何ら不思議はないという。この「こふのす」がやがて「こうのす」となり、鎌倉時代以降に成立した鳥の伝説とあいまって「鴻巣」の文字があてられるようになったのではないかとされている。

忍城で有名な「忍」の名前が、自治体名から消えた理由

高崎線

行田
ぎょうだ
Gyōda

行田のシンボルといえば、なんといっても忍城《おしじょう》だろう。文明年間（一四六九～一四八六）に成田氏一四代の成《なり》田《た》顕泰《あきやす》によって築城され、江戸時代には忍藩一〇万石の本拠地として続いた城だ。本丸跡に建つ白い姿の御三階櫓からは、行田市街が一望できる。

忍城を一躍有名にしたのが、一五九〇（天正一八）年の豊臣秀吉による小田原攻めである。忍城は、石田三成率いる二万三〇〇〇人の大軍に包囲された。このときのようすは、和田竜の小説『のぼうの城』で描かれて話題となった。

史実では、守将・成田泰季《やすすえ》のもとで、百姓や町人ら合わせても三七〇〇人ほどが籠城した。忍城の周囲が一面の湿地帯だったおかげで、豊臣軍は泥沼地に足を取られて攻めあぐねた。しびれを切らした石田三成は水攻めを決行。城の周囲に堤を築き、荒川、利根川から水を引き込んで兵糧を断った。だが忍城は水攻めにもびくともせず、最後は城内の人間が堤を破壊したため、城は落ちなかった。

その後、一五九一（天正一八）年七月、小田原城が降伏したことにより、忍城も開城と

忍城址にある御三階櫓。1988（昭和63）年に鉄筋コンクリートで外観復興された。内部には行田市の歴史を紹介する展示室がある。

なり、以後、忍城は徳川の持ち城となり、忍藩の城となって存続した。

しかし、この天下の名城「忍」の名前は、行田市域のほんの一部にしか残っていない。藩の名前でもあったのだから、自治体名になっていてもよさそうなものである。

一八八九（明治二二）年の町村制施行の際、一帯は「忍町《おしちょう》」だった。だが、一九四九（昭和二四）年五月三日の市制施行の際、行田市へと改称している。その理由は、当時の上申書によれば、「足袋の行田の名は全国的に余りにも有名であるから」だという。

豊臣勢の水攻めに耐えた天下の名城も、行田足袋の全国的な知名度にはかなわなかったのである。

熊谷の由来はクマ退治？それとも荒川？

高崎線

熊谷
くまがや
Kumagaya

熊谷《くまがや》駅の前には馬に乗って扇を掲げた勇ましい武将の銅像がある。源頼朝のもとで多くの合戦で功績を挙げ、〝坂東《ばんどう》一の剛の者〟と称された鎌倉時代の武将・熊谷《くまがい》直実《なおざね》である。一の谷の合戦で平敦盛《たいらのあつもり》をとらえた人物として有名だ。『平家物語』では、弱冠一六歳とわが子と変わらない年の敦盛に哀れを覚えて助けようとしたが、それもかなわず結局はその首を打ち取り、直実は戦いの無常を感じて出家したことが描かれている。

熊谷という地名は、この熊谷直実の父・直貞《なおさだ》が関係しているといわれている。一二世紀の前半に登場した、熊谷氏の祖である。『新編武蔵風土記稿』によると、直貞が大きなクマを退治したことにちなみ、この地が熊谷と名づけられたとある。つまり熊谷の由来は、クマが住んでいた谷というわけだ。実際、駅から徒歩一〇分ほどの場所にある高城《たかぎ》神社の境内には、クマ退治に成功した直貞が建てたとされる熊野社があり、その近くにはクマの首を埋めたとされる熊野堂がある。

郷土のヒーローである熊谷氏の功績が地名の由来とはわかりやすいが、じつはそう簡単

熊谷駅北口に置かれた熊谷直実の銅像（北村西望作「熊谷之次郎直實像」）。このポーズなのは、馬上で扇を掲げて平敦盛を呼び止めた逸話から。

ではない。熊谷の地名は一〇五三（天喜元）年の『黄《き》能《の》谷《や》氏家記』が初出である。これが正しければ、直貞がいた頃より前にすでにこの地は熊谷という地名だったことになり、クマ退治が由来ではなくなる。

熊谷の由来には諸説あるが、その一つに荒川の地形から生まれたという説がある。熊谷は北と東を大きく蛇行した荒川に囲まれており、もとは中洲のような場所だった。川が曲がっていることを表わす「曲《くま》」からクマの音が生まれ、湿地を谷と呼んだことから熊谷となったという。そのほかにも、高城神社を由来とした「神谷《くまけや》」が転訛した説や、古くは稲を「クマ」と呼んだことから、「稲谷」を由来とする説があるが、はっきりしていない。

渋沢栄一の出身地・血洗島 この恐ろしげな地名の由来

高崎線

深谷
ふかや
Fukaya

埼玉県が誇る偉人の一人に渋沢栄一《しぶさわえいいち》がいる。渋沢は明治維新の激動波乱の渦中にあって近代資本主義を導入し、日本の近代経済の基礎を築いた「日本資本主義の父」とも称される人物だ。

この渋沢栄一が一八四〇（天保一一）年に生まれたのが、現在の深谷《ふかや》駅から約五キロメートル北西、利根川沿いにある血洗島《ちあらいじま》村である。血を洗う島とは、なんとも恐ろしげな地名だが、いったい由来は何だろうか。

その由来について、大正初期の『龍門雑誌』で、渋沢栄一本人が地元に伝わる伝説を紹介している。渋沢によると、赤城《あかぎ》の山霊がほかの山霊と戦って片腕をひしがれ、その傷口をこの地で洗ったというものらしい。

源義家説やアイヌ語説も

別の言い伝えによると、平安時代、源義家《みなもとのよしいえ》が奥州遠征をした際に、義家が片手を切り

深谷市血洗島にある渋沢栄一の生家「中の家」の門。アクセスは深谷駅からタクシーを用いて約20分である。

落とされ、その片手をここで洗ったことが由来だともいわれる。その腕を葬った場所を「手墓」と呼ぶようになり、その地が手《て》計《ばか》という地名の由来になったという。現在、血洗島の東側に広がっている、上手計《かみてばか》地区と下手計《しもてばか》地区のことだ。

ほかにもアイヌ語に由来するのではないかという説もある。アイヌ語で岸を表わす「ケセン」という語に「血洗」という字があてられたという。アイヌ語と深谷市がどう関係あるのかと思ってしまうが、じつは利根川のトネも、アイヌ語で長いものを表わす言葉から来ているという説もあり、アイヌ語説もあながち無視できない。

由来についてははっきりしない血洗島。現在では地名として残っているのみだ。

埼玉県のど真ん中になぜか「備前」を冠した用水路がある謎

高崎線

本庄
ほんじょう
Honjō

深谷
ふかや
Fukaya

熊谷
くまがや
Kumagaya

高崎線の本庄《ほんじょう》駅から熊谷駅の北側、利根川沿いには備前渠《びぜんきょ》用水が続いている。一六〇四(慶長九)年に開削された県内最古の用水路で、「備前堀《ぼり》」とも呼ばれる。

この用水路は本庄市、深谷市、熊谷市にわたって埼玉県の北辺を流れている。にもかかわらず、岡山県の旧国名である「備前」の名がついているとは不思議である。岡山県と何か関係があるのかといえば、まったく関わりがない。備前と冠されているのは、この用水路を掘削したのが、伊奈《いな》備前守《びぜんのかみ》忠次《ただつぐ》という人物だったことにちなんでいる。

伊奈氏は信濃国伊那谷《いなだに》を発祥とする一族で、早くから三河の松平氏(徳川氏)に仕えていた。忠次は徳川家康の側近となり、年貢徴収で頭角を現わし、検地奉行を命じられている。その農政に長けた手腕が評価され、家康が関東に入ると大久保長安《おおくぼながやす》らとともに代官頭《がしら》に抜擢された。

江戸時代には日本の首都として世界にも名だたる発展を遂げた江戸だが、家康が入った頃は未開発地の多い荒涼とした場所だった。代官頭の役目はこの地に新田を増やし、農民

高崎線の北側を流れる備前渠用水

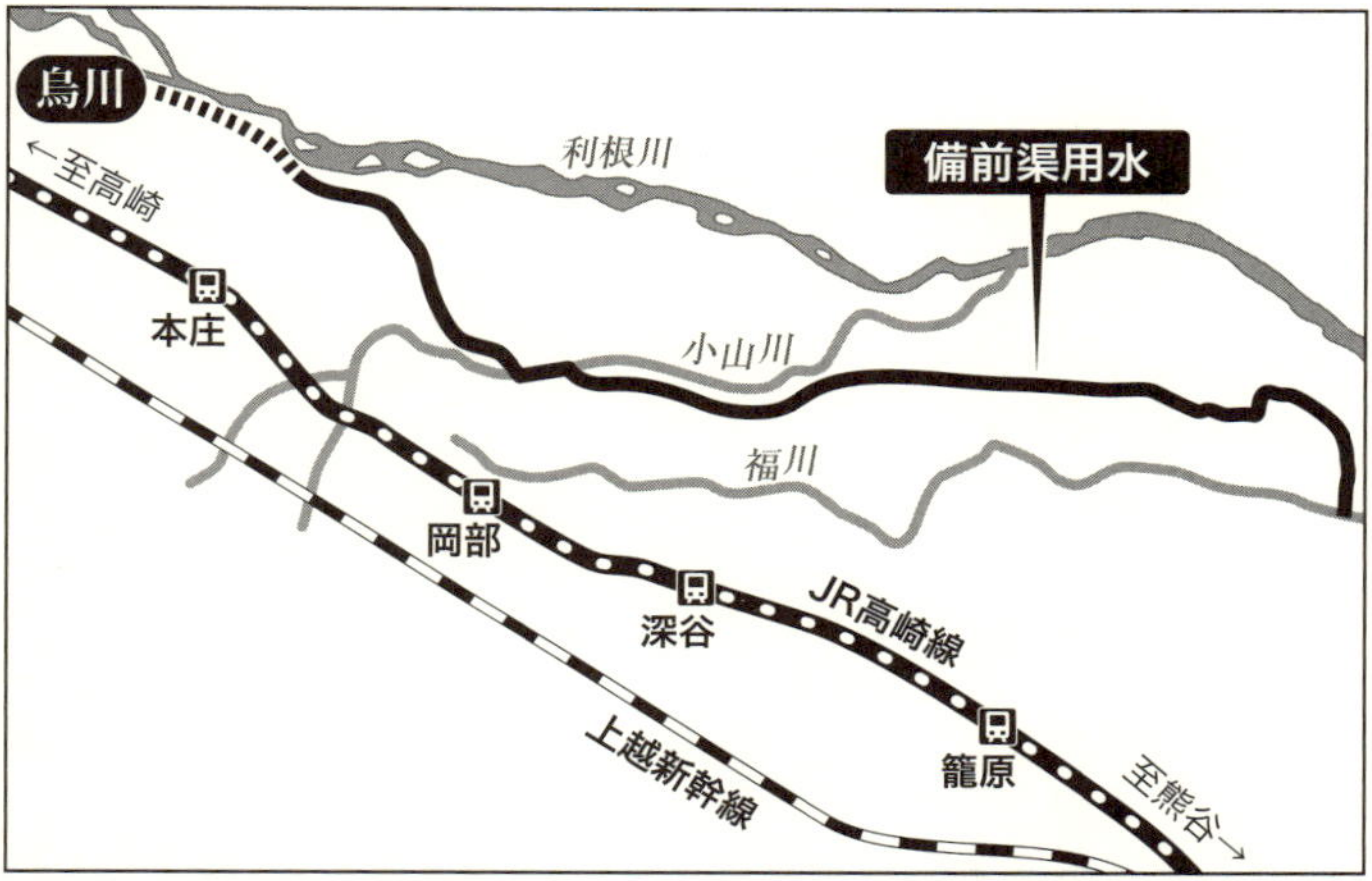

高崎線の北側を流れる備前渠用水は、徳川家康の部下だった伊奈忠次が開削したことから、忠次の官職名「備前守」を冠した名前となっている。

を呼び寄せて村をつくり、豊かな生産地帯にして年貢を増収することにあった。その新田開発をするため、忠次は大規模な河川改修や治水工事などを行なった。

伊奈流の手法で関東平野を改造

忠次の治水土木は「伊奈流」と呼ばれた。その基本は川の堤防を高くせず、川幅を広くする手法にある。当時の関東は河川の氾濫に見舞われていたが、川幅が広ければ増水は堤防内で収まり、万一水が堤防を越える大増水の場合でも、川幅があれば水があふれ出るだけで被害は軽微だと考えたからである。

また、忠次は新しい農地をつくるため、

用水路を開削して河川の水を一帯に引いた。その一つが備前渠用水である。

用水路は、本庄市を流れる烏川《からすがわ》から取水している。そこから南東へ流して深谷市の小山川《こやまがわ》につなげ、さらに小山川から東へ分流させて熊谷市の福川《ふくかわ》に合流する。途中でいくつもの支線用水路をつなげており、夏から秋にかけて本流の堰を開くことで支線用水路に水を流して周囲の田畑を潤す仕組みである。用水路の延長は二一キロメートルで、支線用水路を含めると総延長は六八・三キロメートルになる。この備前掘により、武蔵の利根川右岸にある平野に水が行き渡り広大な農業地帯が誕生した。その面積は一五〇〇ヘクタールに及び、八三か村がこの水で潤ったとされる。

こうして忠次が荒涼としていた関東平野を豊かな穀倉地帯に変えた。忠次は郷土を拓いた人物と称えられ、親しみと感謝をこめて、用水路には備前堀という名がつけられたのである。

この用水路は長年受け継がれて、いまもその姿を留めている。一部分が護岸されているだけで、大部分は忠次が工事した状態そのままの素掘り土水路で残されており、当時の姿を知ることができる。現在、用水路の恩恵を受けた地域は、深谷ねぎなどの畑作と水田地帯を合わせた県内を代表する農業地域となっており、忠次の仕事が現代の農業にも受け継がれている。

那須塩原という地名は、もともと駅名だった

宇都宮線と新幹線が停車する那須塩原《なすしおばら》駅は、那須塩原市の玄関口である。全国的に有名なロイヤルリゾート地・那須高原や、歴史ある塩原温泉もあり、日光と並ぶ栃木県を代表する観光地といえるだろう。

この那須塩原市、自治体としては非常に新しく、二〇〇五（平成一七）年に黒磯市と西那須野町、塩原町が合併して誕生した。ところが、那須塩原駅が誕生したのは一九八二（昭和五七）年六月のことなので、駅名のほうが市名より早かったことになる。つまり、那須塩原という名前は、駅名が自治体名となった珍しい例である。

市名となった那須塩原の駅名も、わずか三〇年そこその歴史しかない。新幹線が開通する前は、もともと東那須野《ひがしなすの》駅という名前の、急行も停まらない小さな駅だった。当時は黒磯《くろいそ》駅が那須高原への玄関口であり、西那須野《にしなすの》駅が塩原温泉への玄関口だった。つまり、この二つの宇都宮線の駅が栃木県北の核で、東那須野駅の存在感は希薄だった。

当然ながら、新幹線が開通することが決まったときも、候補に挙がったのは黒磯駅と西

宇都宮線

那須塩原
なすしおばら
Nasushiobara

那須野駅だった。しかし、結果的にこの二つの駅に挟まれた小さな東那須野駅が新幹線停車駅となり、那須塩原駅と名を変えることになったのだ。

駅名を巡って自治体が激しく対立

東北新幹線のルートが決まったとき、栃木県北の停車駅は黒磯駅か西那須野駅が有力だと考えられていた。しかし、黒磯駅にすると塩原温泉へのアクセスが悪くなり、一方の西那須野駅にすると那須高原から遠くなる。最終的には塩原町や西那須野町、大田原《おおたわら》市、黒磯市などの周辺自治体で駅誘致合戦が起こり、間を取る形で東那須野駅が選ばれたのである。黒磯駅と西那須野駅に比べ、駅前の市街地化が進んでなく、車両基地用地の確保が容易なことも東那須野駅に決まった要因の一つだった。

こうして駅の場所は決まったが、問題はまだある。新駅の名前である。新幹線の計画段階では「新那須」という駅名にする予定だったが、駅名を巡ってまたもや地元が激しく対立したのである。

黒磯町としては、「新黒磯」にしてほしいところだったが、那須のネームバリューの大きさも理解していたため「新那須」に譲歩した。しかし塩原町としては、なんとか「塩原」という名前を駅名に入れて、塩原温泉の名前をアピールしたいと考え、「那須塩原」

を主張した。また大田原市は「大那須」を主張していた。

知事が「那須塩原」案を決定

駅名論争は、政界も巻き込んだ。塩原町に近い地元有力者は、「那須塩原で」と言うし、黒磯市寄りの地元有力者は「那須塩原などとんでもない。黒磯市内にあるのだから本来は新黒磯にすべきところを、新那須で認めたのだ。関係ない塩原の名前を入れるなどもってのほか」と言う始末。黒磯市議会は国鉄の管理局長を市議会に召喚して証言を求めようとさえしたと伝わる。

結局、当時の船田譲《ふなだゆずる》知事が「那須塩原」案を〝私案〟という形で発表し、国鉄が知事の意見を通した形で決定した。この決定のあとでも、「一方的な決め方だ」と知事に反発する意見も出るなど、尾を引く論争となった。

ともあれ、すったもんだの挙句に決まった「那須塩原」という駅名。その名前が、いまでは市名となって地図に載ることになったのだから、皮肉な話である。

ちなみに、塩原温泉の宿泊客は、新幹線開業前は年間一〇〇万人だったが、新幹線開業から五年後には三割近くも増加したという。駅名になるということは、それだけ大きなPR効果があることを裏づけている。

宝積寺という地名なのに宝積寺という寺がない不思議

宇都宮線

宝積寺

ほうしゃくじ

Hōshakuji

宇都宮駅から下り列車に乗ると、岡本《おかもと》駅を過ぎ、烏山線が乗り入れる宝積寺《ほうしゃくじ》駅にいたる。二〇〇八（平成二〇）年に竣工した新駅舎をデザインしたのは、日本を代表する建築家・隈研吾《くまけんご》氏。「木の天井と大きなガラスの開口部をもつ、人に優しく明るい駅舎」をコンセプトにした駅舎は、鉄道関連のプロジェクトを対象に顕彰する国際的なブルネル賞の建設部門奨励賞を受賞している。

この駅舎を見るだけでも宝積寺駅に降りる価値はあるが、せっかく降りたのだから周辺の寺社仏閣でも参拝しようと駅舎を出れば、西口側に定専寺、東口側に蓮性院がある。宝積寺駅というからには、宝積寺という寺もどこかにあるはずである。

しかし、不思議なことに、どこを探しても宝積寺という名前の寺は見当たらない。じつは宝積寺というのは地名であって、お寺としての宝積寺は存在しないのである。

もともと宝積寺というお寺は存在していたらしい。その証拠に、月馬場《つきばば》という場所には「西門前」という屋号が残っているし、史料にも宝積寺の名前が見える。

『地史編集材料取調書・宝積寺村』によると、旧領主の宇都宮国綱《うつのみやくにつな》によって一五九七（慶長二）年に、下阿久津《しもあくつ》村の月馬場に宝積寺という尼寺が建立されたとある。しかし、一六〇三（慶長八）年に宝積寺は鎌倉に移転してしまい、その名を惜しんで村名を下阿久津村から宝積寺村に変えたというのだ。この資料では、尼寺に住んだのは、国綱の妹だという。

木曽義仲の妻が建立したという説も

一九三〇（昭和五）年に阿久津尋常高等小学校で編纂された『郷土教育資料』には、別の説が掲載されている。一〇世紀の末に阿弥陀寺が開基し、建仁年間（一二〇一〜一二〇三）に木曽義仲《きそよしなか》の御台所清子がこの村に落ち延びてきて、夫の菩提を弔うために妙清尼と名乗って妙清山宝積寺を建立したとある。その後、一五九七に法蔵寺の住職が、永年この地は寺の地だとして、宝積寺村と改名したとある。

宇都宮氏と木曽義仲を結び付ける資料がないうえ、宇都宮氏は義仲挙兵の二年後に源頼朝に仕えているので、そこに義仲の妻が落ち延びてきて保護を受けるとは考えにくい。だがほかに史料がなく、否定する材料もないのが事実である。

いまとなっては幻の存在である宝積寺。地名に名を残すほど影響があったはずなのに、誰が建立し、なぜ消えてしまったのか、謎のままである。

自治医大駅は全国初の〝施設名〟を冠した国鉄駅！

宇都宮線
自治医大
じちいだい
Jichi Medical University

宇都宮線の自治医大《じちいだい》駅は、一九八三（昭和五八）年に開設された栃木県内のＪＲ線でもっとも新しい駅だ。まだ国鉄の時代に施設名を初めて駅名につけた駅でもある。国鉄では、駅名はその土地の地名を当てるというのが慣例だったので、自治医大というネーミングは画期的だったといえるだろう。

ではなぜ国鉄は、施設名を冠したのか。その理由は、この駅の成り立ちに関係がある。駅から徒歩一〇分ほどの場所には、駅名となった自治医科大学がある。この医大が一九七二（昭和四七）年に誕生するまでは、地元の南河内《みなみかわち》町や国分寺町一帯（現・下野市）はのどかな土地だった。というのも、約一〇〇ヘクタールにも及ぶ範囲に栃木県の畜産試験場や養蚕試験場、農業試験場に加え、宇都宮大学総合農場などがあり、開発から取り残されていたのである。

その悩みを解消したのが自治医科大学だった。畜産試験場を他所へ移して、その跡地に医大を建てることになったのである。これは、昭和四〇年代から自治省が進めていた、地方の医師不足を解消するための「辺地医大」づくりによるもので、首都圏内の国立大学に医学部のなかった栃木、茨城、埼玉、山梨の各県のどこかに医大をつくろうと考えたのだ。そして最終的に決定したのが、畜産試験場の跡地だったというわけである。

自治医科大学ができれば、周辺一帯は一気に都市化するはずと考えた栃木県は、医大周辺地域の土地利用計画を策定するためのプロジェクトチームを設置。都市化へ向けて動き出した。

都市化の必須条件の一つが、駅の誘致である。駅は地元住民の悲願でもあったため、県と南河内町は、用地や工事費、さらには開業後の三年分の業務費を負担すると約束してまで誘致した。

ただ、問題は駅名だった。駅名は国鉄に一任すると決まっていたにもかかわらず、南河内町と国分寺町側の要望が対立したのである。駅の敷地が国分寺地内だったので、国分寺側は「北小金井駅」「国分寺駅」を主張し、南河内町側は「薬師寺駅」を主張した。薬師寺は、下野薬師寺に由来する自治医科大学が建つ場所のもとの地名である。意見が対立しているなか、どちらか一方の地名を付けることは難しい。これには知事も大いに困り果てたようだが、結局、数度にわたる話し合いの末、「自治医大駅」に決まった。日本初の施設名を冠した駅名が誕生したのは、公平性を鑑みた結果である。

〈**参考文献**〉

『埼玉の希少動物　天然記念物基礎調査報告書』埼玉県立自然史博物館編（埼玉県教育委員会）／『さいたま市史　鉄道編　鉄道で語るさいたまの歴史』（さいたま市）／『熊谷市史　通史編』熊谷市史編さん室編（熊谷市）／『熊谷の地名と旧跡』熊谷市立図書館美術・郷土係編（熊谷市立図書館）／『行田市史普及版　行田の歴史』行田市史編さん委員会編（行田市）／『行田市譚』行田市史編纂委員会編（行田市役所）／『上尾市史　第七巻　通史編下』上尾市教育委員会編（埼玉県上尾市）／『広報はすだ』、『黒浜貝塚パンフレット』（蓮田市役所）／『鴻巣史話』鴻巣市郷土研究会（鴻巣市役所）／『鴻巣市史　通史編2　近世』鴻巣市史氏編さん調査会編（埼玉県鴻巣市）／『新修　北区史』東京都北区役所編（東京都北区役所）／『北区の歴史　はじめの一歩　滝野川東地区編』北区立中央図書館編（北区立中央図書館）／『尾久の民俗』荒川区民俗調査団（東京都荒川区教育委員会）／『宇都宮市史　近・現代編Ⅰ』宇都宮市史編さん委員会編（宇都宮市）／『小山市史　通史編Ⅱ　近現代』小山市史編さん委員会編（小山市）／『野木町煉瓦窯パンフレット』（野木町教育委員会）／『西那須野町の交通通信史』西那須野町史編さん委員会編（西那須野町）／『下野市１００のコト』（下野市役所）／『高根沢町史　通史編１　自然原始古代　中世　近世』高根沢町史編さん委員会編（高根沢町）／『南河内町史　通史編　近現代』南河内町史編さん委員会編（南河内町）／『新編　高崎市史　通史編3　近世』高崎市史編さん委員会編（高崎市）／『駅でみつけた物語　旅もよう』株式会社ジェイアール東日本企画編（東日本旅客鉄道株式会社）／『高崎線物語』埼玉新聞社編著（ＪＲ東日本高崎支社）／『上野駅一〇〇年史』（日本国有鉄道上野駅）／『五十年史　鉄道弘済会』財団法人鉄道弘済会会長室五十年史編纂事務局編（財団法人鉄道弘済会）／『埼玉の考古学入門』藤野龍宏監修、『埼玉ふるさと散歩』新井壽郎、『中山道　風の旅　日本橋・碓氷峠編』テレビ埼玉、群馬テレビ編、『さいたま歴史散歩』相沢明彦、『さいたま市の歴史と文化を知る本』青木義脩（以上、さきたま出版会）／『宇都宮を10倍楽しむ本　宮のもの知り達人検定テキストブック２』宮の物知り達人検定実行委員会、『うつのみやの地名の歴史散歩』塙静夫、『とちぎ20世紀　上巻』下野新聞「とちぎ20世紀」取材班編、『とちぎ歴史ロマンぶらり旅　道と水路を訪ねて』とちぎの小さな文化シリーズ企画編集会議編（以上、下野新聞社）／『那須の文化誌　自然・歴史・民俗を読む』那須文化研究会編、『那須学物語』社団法人那須観光協会那須検定実行委員会編、『渡良瀬一〇〇年　自然・歴史・文化を歩く』読売新聞社宇都宮支局編著、『昔日の宇都宮　石井敏夫コレクション』塙静夫、石川建解説、随想舎編（以上、随想舎）／『「駅弁」知る、食べる、選ぶ』小林しのぶ、『新・鉄道廃線跡を歩く　2　南東北・関東編』今尾恵介編著、『東北・上越新幹線　東北・上越から山形・秋田・長野新幹線まで20年のあゆみ』山之内秀一郎（以上、ＪＴＢ）／『古代東国の地方官衙と寺院』佐藤信編、『群馬県の歴史散歩』群馬県高等学校教育研究会歴史部会編、『埼玉県の歴史散歩』埼玉県高等学校社会科教育研究会歴史部会編（以上、山川出版社）／『熊谷史話』林有章、『徳川慶喜最期の寵臣　渋沢栄一　そしてその一族の人びと』渋沢華子（以上、図書刊行会）／『埼玉鉄道物語　鉄道・地域・経済』老川慶喜、『新高崎市の諸相と地域的課題』高崎経済大学産業研究局編（以上、日本経済評論社）／『図説　日本鉄道会社の歴史』松平乘昌、『図説　栃木県の歴史』安部昭、永村眞編（以上、河出書房新社）／『大研究　日本の道路１２０万キロ』平沼義之、『知らなかった！「県境」「境界線」92の不思議』浅井建爾（以上、実業之日本社）／『江戸幕府の代官群像』村上直、『日本の遺跡29　飛山城跡』今平利幸

（以上、同成社）／『「県境」の秘密』秋田忠右、中原淳（ＰＨＰ研究所）／『埼玉県謎解き散歩』金井塚良一、大村進編著（新人物往来社）／『ドキュメント　ＪＲ第１号駅「北上尾」』田島俊雄（時潮社）／『ふるさと埼玉県の民話と伝説』韮塚一三郎（千秋社）／『絵はがき・写真・切符で楽しむ　上野・東京絵巻』（ネコ・パブリッシング）／『角川日本地名大辞典　9栃木県、10群馬県、11埼玉県』「角川日本地名大辞典」編纂委員会、竹内理三編（角川書店）／『記憶と記録のなかの渋沢栄一』平井雄一郎、高田知和編（法政大学出版局）／『京浜東北線・宇都宮線・高崎線　街と駅の1世紀』藤原浩（アルファベータブックス）／『郷土群馬の歴史』井上定幸編（ぎょうせい）／『郷土史事典　栃木県』新川武紀編（昌平社）／『熊谷レポート第２集　再刻新編熊谷風土記稿』日下部朝一郎（熊谷市郷土文化会）／『軍都東京　占領下の日本』（洋泉社）／『江戸・関東の城下町』（平凡社）／『江戸東京物語　上野・日光御成道界隈』新潮社編（新潮社）／『考証　中山道六十九次』戸羽山瀚（秋田書店）／『荒川新発見』東京新聞荒川取材班、井出孫六（東京新聞出版局）／『行田・忍城と町　まちの歴史』大澤俊吉（聚海書林）／『埼玉の逆襲　「フツーでそこそこ」埼玉的幸福論』谷村昌平（言視舎）／『埼玉の日本一風土記』関根久夫（幹書房）／『埼玉地名の由来を歩く』谷川彰英（ＫＫベストセラーズ）／『上野駅物語』塩田道夫（弘済出版社）／『「上野」時空遊行』浦井正明（プレジデント社）／『全国鉄道事情大研究　群馬・栃木篇』川島令三（草思社）／『大河紀行荒川　秩父山地から東京湾まで』伊佐九三四郎（白山書房）／『地域のなかの軍隊２　軍都としての帝都』荒川章二編（吉川弘文館）／『中山道　浪漫の旅　東編』岸本豊（信濃毎日新聞社）／『鉄道と街・上野駅』三島富士夫、市川健夫（大正出版）／『内陸都市はなぜ暑いか　日本一高温の熊谷から』福岡義隆、中川清隆編著（成山堂書店）／『日本列島飛び地の謎』浅井建爾（廣済堂出版）／『北区の歴史』芦田正次郎ほか（名著出版）／『目で見る那須の１００年』益子孝治、磯忍監修、川島武史著（郷土出版社）／『歴史ロマン・埼玉の城址30選』西野博道編著（埼玉新聞社）／『吹上ステンショ物語』上岡良（上岡常浩）／『東京人　no.3371』（都市出版）／『農業土木学会誌』（遮断法人農業農村工学会）／『1947 カスリーン台風報告書』（中央防災会議・災害教訓の継承に関する専門委員会）／『ＡＲＡＫＡＷＡ１０２ Vol.25』（荒川１０２）／『鴻巣びっくりひな祭りパンフレット』（鴻巣びっくりひな祭り実行委員会）／朝日新聞／産経新聞／東京新聞／毎日新聞／読売新聞／日本経済新聞／時事通信／高崎新聞／上毛新聞／下野新聞

〈ウェブサイト〉

埼玉県／栃木県／群馬県／さいたま市／熊谷市／行田市／久喜市／深谷市／板倉町／宇都宮市／下野市／那須塩原市／高根沢町／東京観光財団／さいたま観光国際協会／荒川上流河川事務所／熊谷地方気象台／熊谷観光局／塩原温泉観光協会／こうのす広場／グリムの里いしばし／蓮田観光協会／武蔵水路改築建設所／渡良瀬遊水地／自治体国際化協会／産業技術史資料情報センター／新川エコミュージアム／日本テレビ／ニッポン放送／川口平等山善光寺／中央学院大学／土木学会

〈取材協力〉

埼玉県／深谷市／栃木県／那須塩原市／下野市／熊谷地方気象台／ＪＡグループ栃木／常光寺／松廼屋／水資源機構／藤岡歴史民俗資料館

監修者

老川慶喜　（おいかわ　よしのぶ）

1950年、埼玉県生まれ。立教大学大学院経済学研究科博士課程単位取得退学。経済学博士。現在、跡見学園女子大学観光コミュニティ学部教授、立教大学名誉教授。1983年、鉄道史学会設立に参加、理事・評議員・会長などを歴任する。おもな著書として『埼玉の鉄道』（埼玉新聞社）、『近代日本の鉄道構想』『埼玉鉄道物語　鉄道・地域・経済』（日本経済評論社）、『日本鉄道史（幕末・明治篇）（大正・昭和戦前篇）』（中公新書）、『鉄道と観光の近現代史』（河出書房新社）などがある。

※本書は書き下ろしオリジナルです。

じっぴコンパクト新書　355

JR高崎線《たかさきせん》・宇都宮線沿線《うつのみやせんえんせん》の不思議《ふしぎ》と謎《なぞ》

2018年9月11日　初版第1刷発行

監修者……………………老川慶喜
発行者……………………岩野裕一
発行所……………………株式会社実業之日本社
〒153-0044 東京都目黒区大橋1-5-1 クロスエアタワー8階
電話（編集）03-6809-0452
　　（販売）03-6809-0495
http://www.j-n.co.jp/
印刷・製本…………大日本印刷株式会社

ISBN978-4-408-33817-0（第一趣味）